Crying Wind Stafford

# *Tanz im Wind*

Die Fortsetzung der ungewöhnlichen Geschichte
der Indianerin Schrei im Wind

Schulte & Gerth

© 1996 by Crying Wind Stafford
© der deutschen Ausgabe 1997 Verlag Klaus Gerth, Asslar
Aus dem Amerikanischen übersetzt von Eva Weyandt

Best.-Nr. 815 500
ISBN 3-89437-500-0
1. Auflage 1997
Umschlaggestaltung: Michael Wenserit
Fotos: Privat
Satz: Die Feder GmbH, Wetzlar
Druck und Verarbeitung: Ebner Ulm
Printed in Germany

*Dieses Buch ist allen Lesern von „Schrei im Wind"
und „Lied im Wind" gewidmet, die mir geschrieben
und mich gefragt haben: „Was ist weiter mit Ihnen und
Ihren Lieben passiert?"
Ich möchte Ihnen dafür danken, daß Sie so viel
Anteil an unserem Leben nehmen!
In diesem Buch will ich Ihnen von unseren
Kindern und den Herausforderungen und Abenteuern
erzählen, vor die wir immer wieder gestellt werden –
und von Gott, der mein Leben, das mit einem Schrei
begann, zu einem Lied und einem Tanz im Wind
verwandelt hat.*

# Vorwort

Die Lebensgeschichte der Halbblut-Indianerin Schrei im Wind erschien 1977 unter dem Titel „Schrei im Wind" zum ersten Mal in Deutschland und stieß ebenso wie zuvor in Amerika auf eine begeisterte Leserschaft. Schrei im Wind legt einen weiten Weg zurück von der abergläubischen, unglücklichen und zutiefst entwurzelten Indianerin zu der fröhlichen, in sich ruhenden Frau, die uns in diesem dritten Band ihrer Biographie begegnet.

*

Schrei im Wind wird als ungewolltes Halbblut-Kind in einer Indianer-Reservation in Colorado geboren. Ihre Mutter lehnte das Kind ab, der Vater hatte sie bereits vor der Geburt verlassen. Schließlich geht auch die Mutter fort, und Schrei im Wind wird von ihrer Großmutter aufgezogen, die bereits 11 Kinder hat.

Schrei im Wind wächst in ärmlichen, trostlosen Verhältnissen in der Reservation auf. In der Schule wird sie wegen ihrer indianischen Abstammung verspottet und bricht daher die Schulausbildung bald wieder ab. Sie lernt von ihrer Großmutter die indianische Lebensweise und auch den ihrem Volk eigenen Götterglauben und liest zwischendurch Kitschromane. Nur ihr Onkel Cloud bringt ihr etwas wie Zuneigung entgegen.

Doch nach dem Tod der Großmutter muß Schrei im Wind mit gerade 15 Jahren für sich selbst sorgen. Keiner ihrer Onkel will Verantwortung für sie übernehmen, deshalb sucht sie sich Arbeit und eine Wohnung in der Stadt. Sie ist zutiefst unglücklich und einsam dort.

*

Zufällig macht sie die Bekanntschaft des Pastorenehepaars McPherson und spricht mit ihnen über den christlichen Glauben. Doch kann sie damit noch nicht viel anfangen; zu tief ist sie im indianischen Geisterglauben verwurzelt, obwohl sie diesen als bedrohlich empfindet. Einsamkeit und Sinnlosigkeit treiben sie zu einem Selbstmordversuch, und in ihrer Verzweiflung wendet sie sich wieder an die McPhersons, die sie sofort bei sich aufnehmen.

Als ihr Onkel Flint von ihren Beziehungen zu den Christen erfährt, peitscht er Schrei im Wind auf offener Straße aus. Wieder rettet sie sich zu den McPhersons und erfährt dort eine Liebe und Annahme, wie sie sie noch nie erlebt hat. Sie begreift, daß der indianische Geisterglaube nicht hilft. Schließlich bekehrt sie sich zum christlichen Glauben und begegnet zum ersten Mal der bedingungslosen Liebe Gottes.

Überglücklich erfährt sie, daß ihr Lieblingsonkel Cloud inzwischen ebenfalls zum Glauben gekommen ist. Auch beruflich eröffnen sich ihr endlich Zukunftsperspektiven.

\*

Doch noch immer ist Schrei im Wind hin- und hergerissen zwischen zwei Kulturen. Ihr indianisches Erbe läßt sie ruhelos umherziehen; nicht umsonst bedeutet der Name ihres Stammes „Kickapoo" = ewige Wanderer. Immer wieder wechselt sie die Arbeitsstelle, und schließlich kehrt sie ins Reservat zurück. Auf einem Stammestreffen verliebt sie sich in den Indianer „Gelber Donner", doch der Mann ihres Herzens sagt ihr, daß er nur eine Vollblut-Indianerin heiraten will.

Enttäuscht und frustriert geht Schrei im Wind wieder zurück zu den geduldigen McPhersons, immer auf der Flucht vor sich selbst, vor ihren zwei verschiedenen Identitäten.

\*

Eines Tages findet sie im Rinnstein eine zerfledderte Broschüre von einer Indianer-Missionsgesellschaft in Mexiko. Schrei im Wind ist überzeugt, daß dies Gottes Aufgabe für sie ist und bewirbt sich blind bei der Organisation.

Tatsächlich findet Schrei im Wind in Mexiko immer mehr zu ihrem inneren Gleichgewicht. Zwar ist die Arbeit dort frustrierend, weil viele Indianer auch nach ihrer

Bekehrung noch abergläubisch bleiben und sich wie Schrei im Wind selbst nur schwer von ihren Wurzeln lösen können, doch für Schrei im Wind ist es eine Zeit des geistlichen Wachstums und der Stabilisierung.

Immer stärker wird nun in ihr der Wunsch nach einer Familie und Kindern. Nach ihrer Rückkehr nach Colorado lebt sie eine Weile bei ihren beiden Onkeln Flint und Cloud, die inzwischen beide Christen geworden sind. Doch sie fühlt sich schrecklich allein, und darunter leidet langsam auch ihre „erste Liebe" zu Jesus.

*

Bei einem Ausflug begegnet sie einem jungen Mann aus Alaska: Don Stafford. Es ist Liebe auf den ersten Blick – zumindest von Dons Seite!

Don umwirbt Schrei im Wind heftig und bittet sie noch am ersten Tag, seine Frau zu werden. Weil sie keine Lust mehr hat, allein zu sein, stimmt Schrei im Wind leichtfertig zu, obwohl sie nicht das Geringste für Don empfindet. Ihr klingen noch die Worte ihres Onkels in den Ohren, daß sie nicht zu wählerisch sein dürfe.

Ihre Verwandten sind entsetzt, als sie davon erfahren. Ein Weißer und noch dazu ein völlig Fremder!

Auch Schrei im Wind kommen nun Zweifel. Doch die Hochzeit findet statt, und ehe sie sich's versieht, sind Schrei im Wind und ihr frisch angetrauter Ehemann, den sie überhaupt nicht kennt, unterwegs nach Alaska.

Don bemüht sich sehr um Schrei im Wind, und auch sie ist freundlich zu ihm, doch empfindet sie weiterhin nicht viel für ihn. Sie wird von Heimweh geplagt, und bald schlägt ihre ruhelose Natur wieder durch, und sie beschließt, Don zu verlassen.

Doch Don ahnt das voraus und schafft es, sie zurückzuhalten. Nach und nach begreift Schrei im Wind, daß Don sie wirklich liebt, und endlich wächst auch ihre Zuneigung zu ihm, bis sie sich schließlich in ihren eigenen Mann verliebt.

\*

Das nun glückliche Paar wünscht sich Kinder, doch zunächst klappt es nicht. Schrei im Wind fleht Gott um einen Sohn an, und endlich kündigt sich das erste Baby an. Es ist tatsächlich ein Sohn und wird auf den Namen Aaron Kleine Antilope getauft.

Als Don seine Stelle verliert, ziehen die Staffords auf der Suche nach einer neuen Bleibe durch die Vereinigten Staaten, bis sie schließlich in Oklahoma eine kleine Farm kaufen.

Dort wird der zweite Sohn, Shane Verlorener Hirsch, geboren, und bald ist Schrei im Wind wieder schwanger. Während der Schwangerschaft wird sie jedoch schwer krank. Sie bekommt Sehstörungen, nimmt rapide ab und hat Lähmungserscheinungen. Kein Arzt kann ihr helfen, und es sieht so aus, als ob sie sterben müsse. Doch so leicht gibt Schrei im Wind nicht auf – jetzt, wo sie endlich glücklich ist, will sie leben!

Tatsächlich schafft sie es, bis zur Geburt des kleinen „Schneewolke" durchzuhalten, und wie durch ein Wunder verschwinden gleich darauf alle Krankheitszeichen. Schrei im Wind wird wieder ganz gesund, und die Ärzte stehen vor einem Rätsel.

Das vierte Kind ist wunschgemäß ein Mädchen. „Frühlingssturm" kommt während eines schweren Unwetters zur Welt, und nun ist die Familie komplett.

\*

Schrei im Wind beschließt, ihre Eltern ausfindig zu machen, die sie vor langer Zeit verlassen haben, und die Beziehung zu ihnen in Ordnung zu bringen. Tatsächlich gelingt es ihr, ihre Mutter per Brief zu erreichen, und sie erfährt, daß ihre Eltern nach langer Zeit wieder vereint sind und beide inzwischen zum Glauben gekommen sind. Ein reger Briefwechsel beginnt, und viele Wunden der Vergangenheit heilen, obwohl Schrei im Wind und ihre Eltern letztlich nicht wieder zusammenfinden.

Nach langem Zureden von ihren Freunden schreibt Schrei im Wind ihre Lebensgeschichte auf, die auch gleich veröffentlicht wird. Das Buch findet viele bewegte Leser, und Schrei im Wind wird zu Vortragsreisen, Kongressen und Fernsehauftritten im ganzen Land eingeladen – ausgerechnet sie, eine ungebildete Halbblutindianerin!

Endlich hat sie zu ihrer Berufung gefunden.

\*

In diesem dritten Band der Lebensgeschichte von Schrei im Wind lesen Sie, wie es der mutigen Indianerin und ihrer Familie seither ergangen ist.

Schrei im Wind erzählt mit der ihr eigenen unbändigen Lebensfreude und mit erfrischendem Humor von Freud und Leid ihrer durch die beiden Bücher entstandenen kurzzeitigen Popularität, von lustigen und bewegenden Erlebnissen mit ihren Kindern und vor allem mit ihrem Gott, der alle Menschen um ihrer selbst willen liebt – unabhängig von ihrer Hautfarbe und ihrer Herkunft.

## Kapitel 1

## Wie es einem ergehen kann ...

*Ich habe kein Gold zusammengetragen,*
*Der Ruhm, den ich gewann, zerrann.*
*Ich lasse nichts zurück,*
*Außer meinem Namen im Herzen eines Kindes.*

Pearse 1879–1916

Jeder ist in seinem Leben einmal fünfzehn Minuten lang berühmt. Nach der Veröffentlichung meiner ersten beiden Bücher „Schrei im Wind" und „Lied im Wind" war auch ich fünfzehn Minuten lang berühmt.

Meine Bücher wurden in ein Dutzend Sprachen übersetzt, und man lud mich ein, auf Kongressen zu sprechen und im Fernsehen aufzutreten.

Ich reise nicht sehr gern, ich lasse nur ungern meine Familie allein, und vor allem mag ich keine Flugreisen. Ich weiß, daß Gott auf der Erde auf mich aufpassen kann, aber mir fällt es schwer zu glauben, daß er mich auch im Blick hat, wenn ich in einer Metallröhre sitze und Tausende von Kilometern über der Erde in atemberaubender Geschwindigkeit dahinrase.

Trotzdem hatte ich den Eindruck, daß Gott mir eine seltene Gelegenheit gegeben hatte, meinen Glauben weiterzugeben und die Geschichte des indianischen Volkes zu erzählen. Es war an der Zeit, Gott und all den Menschen, die mein Leben verändert hatten, etwas zurückzugeben.

Don richtete es so ein, daß er während der vier oder fünf Tage im Monat, an denen ich fort war, bei unseren Kindern zu Hause bleiben konnte. Die meisten Einladungen zu Vorträgen oder Buchvorstellungen lehnte ich ab, und es war immer sehr schwer, die wenigen auszuwählen, die ich annehmen wollte.

Die für die Planung meiner Vortragsreisen verantwortliche Sekretärin meines Verlegers rief mich eines Tages an: „Ich habe für den elften Januar ein wichtiges Fernsehinterview zugesagt." Sie quietschte beinahe vor Freude. „Es findet in Chicago statt, und Millionen Menschen im ganzen Land werden es sehen!"

„Am elften Januar kann ich nicht", erwiderte ich. „An diesem Tag wird mein Sohn sechs Jahre alt; da muß ich zu Hause sein."

„Das ist doch bestimmt nicht Ihr Ernst! Sie können doch dieses Interview nicht wegen eines Kindergeburtstages absagen! Sagen Sie Ihrem Sohn, Sie würden ein paar Tage später feiern. Er ist doch erst sechs, er wird das gar nicht merken", meinte sie.

„In einem Monat wird sich niemand mehr erinnern, wer an diesem Tag im Fernsehen aufgetreten ist", gab ich zurück. „Bitte versuchen Sie, das Interview zu verlegen, und erklären Sie den Verantwortlichen, daß ich an diesem Tag einen Geburtstagskuchen in der Form eines Autos backen muß."

Sie rief mich eine Stunde später zurück.

„Ich habe mit den Fernsehleuten gesprochen. Sie sagten, Sie würden dann eben einen anderen Schriftsteller in die Sendung nehmen", erklärte sie mir in einem Ton, der Schuldgefühle in mir wecken sollte. „Sie haben eine wichtige Gelegenheit verpaßt."

Das war vor einigen Jahren. Jedesmal, wenn der Geburtstag meines Sohnes vor der Tür steht, lächelt er und fragt:

„Erinnerst du dich daran, wie du dieses Fernsehinterview abgesagt hast, um bei mir zu bleiben?"

„Das bist du mir wert. Ich würde deinen Geburtstag auch nicht verpassen, um mit fünf Königen und einem Präsidenten zusammenzusein", erwidere ich ihm.

„Ich weiß", antwortet er.

Ich stellte das Reisen ein und gab die Vortragsverpflichtungen auf. Die Leute fragten, ob es mir nicht schwerfalle, auf das Publikum, die Aufmerksamkeit und die Fernsehinterviews zu verzichten.

„Überhaupt nicht", antwortete ich. „Ich möchte lieber zu Hause berühmt und in der Welt unbekannt sein als überall in der Welt bekannt und zu Hause eine Fremde."

\*

Mein Mann ist gewöhnlich sehr ruhig und ausgeglichen, aber manchmal ist es sogar mit seiner Ruhe vorbei.

„Schrei im Wind, wer war das?" fragte Don erstaunt, als

ein Mann in einem Bademantel durch unsere Küche spazierte und im Bad verschwand.

„Ich weiß es nicht", erwiderte ich, während ich mir eine Tasse Kaffee eingoß. „Seine Familie stellt gerade ihren Wohnwagen in unserem Hof auf."

„Aber was für Leute sind das, um Himmels willen?" Dons Stimme war mittlerweile laut geworden.

„Na ja, als ich im letzten Winter in Chicago bei diesem Kongreß der christlichen Buchhändler gesprochen habe, sagte ich zum Schluß meiner Rede: 'Wenn Sie mal in Colorado sind, kommen Sie doch auf eine Tasse Kaffee vorbei. Ich schätze, da ist tatsächlich jemand auf meine Einladung zurückgekommen."

„Aber an diesem Kongreß haben doch sechstausend Leute teilgenommen! Wer sind denn diese Leute in unserem Hof?" fragte Don.

„Die Dame sagte, ich würde mich sicher an sie erinnern; sie hätte ein blaues Kleid getragen und mir zugewinkt", antwortete ich.

„Das wird ein langer Sommer", seufzte Don und schluckte zwei Aspirin.

Wir wohnten fünfzig Meilen von der nächsten Stadt entfernt, doch in diesem Sommer kamen mehr als hundertfünfzig Leute „auf einen Kaffee vorbei". Sie pflückten Blumen aus unserem Garten, machten unzählige Fotos von unserer Familie, und ein Ehepaar fragte uns doch tatsächlich, ob ihre Großmutter nicht bei uns leben könnte, weil sie sie einfach nicht mehr ertragen könnten.

Die Leute liehen sich Werkzeug, Bettwäsche und Geld von uns, und eine Frau aus Iowa bat mich, ein paar Sachen für sie zu waschen, weil der kleine Jimmy sich im Wagen übergeben hatte. Ich kochte ihnen Mittagessen, während ich ihre Wäsche wusch.

Zu jeder Tages- und Nachtzeit kamen Leute, und mehr als einmal waren wir bereits zu Bett gegangen, wenn es an der Tür klingelte. Don fällt es schwer, nach Mitternacht noch freundlich zu sein.

Ein Mann in einer Klinik für psychisch Kranke las mein Buch „Schrei im Wind" und floh aus dem Sanatorium. Er trampte nach Colorado, um mich zu heiraten, und er war sehr ungehalten, als er feststellen mußte, daß ich bereits verheiratet war. Wir mußten den Sheriff rufen und ihn fortbringen lassen. Er hatte zwanzig Jahre in diesem Sanatorium verbracht, und weil seine Ärzte ihn für gewalttätig und gefährlich hielten, wurde er in einem Krankenhaus mit größeren Sicherheitsvorkehrungen untergebracht. Er war eine Bedrohung nicht nur für uns, sondern auch für alle, die ihn mitgenommen hatten oder unterwegs mit ihm in Berührung gekommen waren.

Er hatte uns zwar nichts getan, sondern nur einen Schrecken eingejagt, aber danach sahen wir unbekannten Besuchern mit gemischten Gefühlen entgegen.

In einer Zeitung wurde erwähnt, daß unsere Familie jeden Sonntag eine bestimmte Gemeinde besucht. Als wir eines Tages vom Gottesdienst nach Hause kamen, stellten wir fest, daß in unser Haus eingebrochen worden war. Der Dieb hatte sogar die Nahrungsmittel aus dem Gefrierschrank gestohlen.

Es beunruhigte mich, daß mein Heim nicht mehr so herzlich war, wie ich es mir wünschte, und daß unsere Familie unter dem Besucherstrom litt. Ich hatte das Gefühl, daß die Kinder in Gefahr sein könnten.

Don und ich kamen überein, daß wir unsere Privatsphäre wiederherstellen mußten, und ich mußte ihm hoch und heilig geloben, unter keinen Umständen jemals wieder sechstausend Leute einzuladen, auf einen Kaffee vorbeizukommen, ganz egal, wie nett sie waren.

*

Die Post war immer herrlich. Viele Leute schrieben mir, nachdem sie meine Bücher gelesen hatten, und Hunderte von Briefen kamen von Kindern aus der ganzen Welt. Ich begann mit vielen Leuten intensive Brieffreundschaften, die über Jahre anhielten.

Ich mag Briefe. Sie wecken mich nachts nicht auf, und es ist ihnen auch egal, wie ich aussehe. Ich kann selbst entscheiden, wann ich sie lesen und ob ich sie beantworten will. Ganz besondere Briefe hefte ich über meinen Schreibtisch und lese sie mehrmals. Briefe bringen mich nicht in Schwierigkeiten.

Na ja, meistens wenigstens.

Einmal erhielt ich einen verzweifelten Brief von Dorothy, einer Frau Ende sechzig, die mir schrieb, sie sei im Grunde eine nette, ehrliche Frau und habe noch nie etwas Verrücktes getan. Als sie in ihrem Damenkränzchen jedoch über mein Buch sprachen, hätte sich diese hochnäsige Rachel Thurston damit gebrüstet, sie würde mir schreiben und mich um ein Autogramm bitten, und aus irgendeinem Grund wäre sie, Dorothy, dann einfach ausgerastet und hätte in einem Anfall geistiger Umnachtung behauptet, sie sei eine enge Freundin von mir.

Dorothy, sonst immer still und schüchtern, stand auf

einmal im Mittelpunkt des Interesses, und sie sonnte sich in Rachels neiderfülltem Blick. Sie warf alle Vorsicht über Bord, ging noch einen Schritt weiter und verkündete, sie würde am Freitag sogar mit mir essen gehen.

Ihre Euphorie wurde jedoch sehr schnell gedämpft, als alle Mitglieder des Damenkränzchens darauf bestanden, sich uns anzuschließen.

In ihrem Brief bat Dorothy mich inbrünstig, sie am Freitag im Restaurant zu treffen (sie wohnte glücklicherweise in der Nähe) und so zu tun, als seien wir alte Freundinnen. Sie sagte, sie würde ein blaßrosa Kleid und eine Perlenkette tragen, damit ich sie erkennen könnte.

Sie schrieb, sie würde es vollkommen verstehen, wenn ich sie für verrückt hielte, und falls ich nicht auftauchen würde, würde sie ihren Freundinnen gestehen, daß sie gelogen hatte. Danach würde sie sich aus diesem Damenkränzchen zurückziehen, weil diese Rachel ihr natürlich fortan das Leben zur Hölle machen würde. Die ganze Sache täte ihr schrecklich leid.

Ich faltete ihren Brief zusammen. Mir blieb keine Wahl.

Am Freitag im Restaurant warf ich also wie verabredet die Arme um Dorothys Hals und sprach immer wieder davon, daß sie mir eine so liebe Freundin sei. Das Essen verlief sehr fröhlich. Dorothy war sehr dankbar; sie wußte nicht, ob sie weinen oder lachen sollte. Rachel war wirklich eine sehr kalte und abstoßende Frau, und ich konnte verstehen, warum Dorothy so gehandelt hatte.

Ich schätze, wir alle begegnen dann und wann einer Rachel Thurston in unserem Leben. Das beste an diesem Tag war, daß Dorothy und ich wirklich Freundinnen wurden und uns seither häufig zum Essen treffen.

Sie sagt immer, daß ich an jenem Tag für sie wie Robin Hood gewesen sei, der Retter der Witwen und Waisen.

Danke, Dorothy! Wie oft bekommt man im Leben schon die Gelegenheit, Robin Hood zu sein? Die Sache hatte sich doch gelohnt!

\*

„Wir sollten umziehen", meinte Don. Und schrecklicherweise hatte er recht damit.

Die folgenden Wochen waren schlimm. Ich weinte, schmollte, schluchzte und jammerte. Ich liebte unser Heim. Ich hatte den Rest meines Lebens dort verbringen wollen, nicht nur vier kurze Jahre.

Ich wußte, er hatte recht. Wir waren isoliert; und für die Kinder war es nicht gut, so weit von anderen Menschen entfernt zu leben. Es war auch nicht ungefährlich, weil wir manchmal tagelang eingeschneit waren. Der Winter dauerte ewig, und der Sommer war so kurz. Wir machten manchmal Witze darüber und sagten: „Ich erinnere mich noch genau an den letzten Sommer – er begann am Donnerstag. Und Donnerstag abend war er wieder vorbei."

Don hatte recht, und das gefiel mir überhaupt nicht. Wir mußten in eine wärmere Gegend ziehen, wo wir der Zivilisation näher waren. Er sagte es nicht, aber ich wußte, er wollte auch unsere Privatsphäre wiederherstellen. Immerhin gab es beinahe sechstausend Menschen, die wußten, wo wir wohnten und die jederzeit auf einen Kaffee vorbeikommen könnten.

Don ist ein sehr einfühlsamer und vorsichtiger Mensch.

Er holte eine Karte der Vereinigten Staaten und breitete sie auf dem Küchentisch aus. Er schloß die Augen und zeigte blind mit dem Finger auf einen beliebigen Ort. Dann öffnete er die Augen und sagte: „Wir sollten nach Cow Skin in Missouri ziehen." Cow Skin, zu deutsch „Kuhhaut" – das klang ja furchtbar!

Noch nie in meinem Leben bin ich ohnmächtig geworden, doch in diesem Augenblick wäre es beinahe passiert.

Unser wunderschönes Haus in den Bergen wurde verkauft. Es sollte in ein christliches Erholungsheim umgewandelt werden. So sehr es auch schmerzte, Abschied zu nehmen, war ich doch froh über die Arbeit, die von nun an dort getan werden sollte. Erschöpfte Christen sollten hier Erholung und Erneuerung finden. Gott hatte dafür gesorgt, daß unser Haus zu diesem Zweck ausgewählt worden war, um uns das Loslassen zu erleichtern, da war ich ganz sicher.

Nach zwei weiteren Wochen des Weinens, Schmollens, Schluchzens und Jammerns hatten wir uns auf einer Farm auf halbem Weg zwischen Cow Skin und Possum Flats in Missouri eingerichtet.

Mit anderen Worten, Don hatte uns ans Ende der Welt verfrachtet. Wir waren verloren. Oder doch nicht?

Kapitel 2

Dich zu lieben

Don und ich sind seit sechsundzwanzig Jahren verheiratet, und wir haben immer noch keine einzige Gemeinsamkeit entdeckt.

Im Frühling pflanzt er Gemüse, um unsere Körper zu ernähren, und ich pflanze Blumen als Nahrung für die Seele.

Mir ist immer kalt, und ich drehe deshalb die Heizung meist voll auf; ihm ist immer warm, und er reißt die Fenster auf.

Ich liebe Opern, den Klang indianischer Trommeln und Lieder am Lagerfeuer. Don mag Countrymusik, den Klang von Gitarren und Banjos und Lieder über alte Hunde und Trucks.

Ich mag Süßes, er Steaks und Kartoffeln.

In sechsundzwanzig Jahren waren wir uns nie über eine Sache einig. Seltsam ist, daß wir uns aber auch nie richtig uneinig waren. Unsere Kinder können sich nur an zwei sehr heftige Auseinandersetzungen erinnern: In einer ging es darum, wer den Müll hinausbringen sollte, und den Grund der zweiten wissen wir schon nicht mehr.

Unsere Ehe ist nicht vollkommen, und natürlich hat es immer wieder Zeiten gegeben, wo ich überlegt habe, ob ich nicht ein paar wohlgezielte Pfeile auf ihn abschießen sollte. Wir haben einfach nur die Tatsache akzeptiert, daß wir so vollkommen gegensätzlich sind, daß es hoffnungslos ist zu versuchen, den anderen zu ändern. Ich erwarte nicht, daß er sich eine Oper anhört; Don erwartet nicht, daß ich mir Countrymusik anhöre. Ich erzähle den Leuten, wir würden nicht streiten, weil wir gereifte Christen seien. Don erzählt den Leuten, wir würden uns nicht streiten, weil die Erziehung unserer vier Kinder uns so stark in Anspruch nehme, daß wir keine Energie hätten, uns in irgendwelchen Punkten uneinig zu sein.

*

Unsere Farm ist etwa einen Zentimeter tief. Das bedeutet, nach etwa einem Zentimeter Erde trifft man auf festen Stein. Es ist schwierig, auf Steinen einen Garten anzulegen, aber Don versucht es jedes Jahr neu. Er hackt, gießt und jätet Unkraut, er kämpft gegen das Wetter und die Hasen, und endlich kann er ernten.

„Sieh nur, Schrei." Stolz zeigt er mir die neuen Kartoffeln. „Ich habe einen ganzen Scheffel ausgegraben."

„Wie viele hattest du gepflanzt?" fragte ich.

„Vier Scheffel . . . aber die Ernte ist viel besser ausgefallen als letztes Jahr."

Er hatte eine Rekordernte an Tomaten und beschloß, Ketchup zu machen. Immerhin kostete Ketchup im

Geschäft fast zwei Dollar pro Flasche. Wenn wir den Ketchup selbst machten, würden wir ein Vermögen sparen.

Nachdem wir die Flaschen und die anderen Zutaten gekauft hatten, stand ein Dutzend Flaschen mit geschmacklosem, rosafarbenem Brei in den Regalen herum, der uns fünf Dollar pro Flasche gekostet hatte.

„Also, ich habe ausgerechnet, wie es in diesem Jahr mit dem Garten gelaufen ist", erklärte er und warf seinen Bleistiftstummel hin. „Fünfundsiebzig Dollar."

„Du meinst, wir haben dieses Jahr nur fünfundsiebzig Dollar verloren?" Ich war hocherfreut. „Im vergangenen Jahr hatten wir einen Verlust von hundert Dollar."

„Ja, es wird besser. Wenn es noch fünf Jahre so weitergeht, dann machen wir schließlich noch Gewinn."

„Das ist wundervoll." Ich klopfte ihm anerkennend auf die Schulter. „Der Landwirt ist das Rückgrat der Nation."

„Ich denke, ich werde mich nach einem Gartenkatalog umsehen", strahlte er. „Man kann nicht früh genug anfangen, darüber nachzudenken, was man im kommenden Jahr pflanzen will. Wenn der Sommer nicht zu heiß ist oder es zuviel regnet, wenn das Wild uns den Salat nicht abfrißt und ich ungefähr hundert Stunden hacke und Unkraut jäte, können wir den Verlust vielleicht auf fünfzig Dollar senken."

Das mag ich so sehr an Don – er ist ein solcher Optimist.

\*

Noch nie in seinem Leben hat Don einen Pfennig Geld vergeudet ... aber er hat schon Tausende fortgeworfen.

„Ein gesparter Pfennig ist ein vergeudeter Pfennig", sagt er immer. „Aber wenn du einen Pfennig findest und ihn aufhebst, wirst du den ganzen Tag lang Glück haben."

„Weißt du, was der ärmste Junge in der Stadt mit dem reichsten Mann gemeinsam hat?" fragte Don unsere Tochter Kleine Antilope. „Sie beide bücken sich, um einen Glückspfennig aufzuheben, und beide lächeln. Das einzige, was man mit einem Glückspfennig kaufen kann, ist ein Lächeln."

Um sicherzugehen, daß auch wirklich genügend Glückspfennige herumliegen, wirft Don jede Woche hundert Pfennige fort. Er verteilt sie auf Schulhöfen, in Parks und auf Bürgersteigen.

„Wie viele Pfennige hast du mittlerweile gepflanzt?" fragte ich.

„Ach, ich schätze, etwa fünfzigtausend oder noch mehr. Denk nur, wenn nur die Hälfte von ihnen gefunden wurden, habe ich fünfundzwanzigtausend Menschen zum Lächeln gebracht und eine kurze Zeit glücklich gemacht. Das ist doch schon was", antwortete er.

„Das ist tatsächlich was", stimmte ich ihm zu.

\*

---

*Schrei im Wind und Don Stafford mit den Kindern Verlorener Hirsch, Frühlingssturm, Schneewolke und Kleine Antilope (v. r.)*

Verlorener Hirsch und Schneewolke betreiben Bodybuilding, und sie sind stolz darauf, wenn sie ihre eigenen Rekorde brechen.

„Als Kind hatte ich keine Gewichte, die ich hätte heben können", meinte Don. „Ich habe nur gearbeitet."

„Wieviel kannst du eigentlich heben, Dad?" fragte Schneewolke.

„Nun, Sohn, bei der Arbeit hebe ich jeden Tag zweihundertfünfzig Pfund", antwortete er, „aber ich kann sie nicht weit tragen."

Das ist typisch für Don. Er ist körperlich und moralisch unglaublich stark, aber nie prahlt oder brüstet er sich damit. Er hält es einfach für selbstverständlich, daß ein Mann tut, was richtig ist, für seine Familie sorgt und anderen hilft, wo er kann.

Don ist der stärkste Mann, den ich kenne. Er kann kochen, nähen, bügeln und Kekse backen. Er kann genauso gut ein Gewicht von über zweihundert Pfund heben wie für seine Kinder Popcorn machen. Mit bloßen Händen kann er Stahl biegen, aber auch seiner Tochter einen Knopf an den Mantel nähen. Für ihn gibt es keine „Männerarbeit" oder „Frauenarbeit". Jede Arbeit ist gleichviel wert und notwendig für das Überleben der Familie.

Der Gehsteig vor unserem Haus hat schrecklich viele Risse. Don und ich haben schon häufig darüber gesprochen, sie aufzufüllen, aber das ist eine Arbeit, die man gern vor sich herschiebt.

Wir hätten das auch weiterhin aufgeschoben, wenn die Risse nicht so groß geworden wären, daß wir uns ständig mit den Füßen darin verfingen. Früher oder später würde jemand hinfallen und sich am Ende noch verletzen.

Don kaufte Zement und die Bretter für den Rahmen. Gleich am folgenden Morgen wollten wir uns an die Arbeit machen.

Don und ich saßen im Hof und sprachen über unseren neuen Gehsteig. Er würde großartig werden; wir wollten ihn verbreitern, und er würde glatt, gleichmäßig und natürlich viel sicherer sein.

Während wir auf der Veranda saßen, kamen die Kinder an und spielten mit ihren Spielzeugautos auf dem Gehsteig. Die Risse waren die idealen Straßen für ihre Wagen.

„Morgen werde ich den Gehsteig erneuern", verkündete Don.

Verlorener Hirsch sah auf. „Wird er genauso wie dieser hier werden?" fragte er.

„Besser", meinte Don. „Er wird breiter werden und keine Risse mehr haben."

„Aber ein Gehsteig muß Risse haben!" widersprach Verlorener Hirsch. „Wir brauchen die Risse für unsere Autos."

„Daddy, für die Schmetterlinge sind die Risse wie Straßenkarten. Sie werden die Blumen nicht mehr finden, wenn die Risse nicht mehr da sind", warf Schneewolke ein.

„Daddy", Frühlingssturms Augen füllten sich mit Tränen, „das sind die Straßen der Feen. Es sind die einzigen Straßen, auf denen die Feen nachts nach Hause finden. Sie werden sich verirren."

„Und was nun?" fragte ich.

Don sah mich an, dann die Kinder. „Ich wußte nicht, daß diese Risse so wichtig sind. Ich schätze, wir lassen sie besser so, wie sie sind, damit die Feen und Schmetterlinge sich nicht verirren", beschloß er.

Die Kinder kehrten zu ihrem Spiel zurück und schoben ihre kleinen Wagen herum.

„Wir werden den Gehsteig in Ordnung bringen, wenn sie älter sind", meinte er beiläufig.

In diesem Augenblick liebte ich ihn so sehr, daß ich kein Wort herausbrachte.

# Don

*Ich erinnere mich,*
*Wie der Mond am Himmel tanzte,*
*Und wie der Flieder blühte,*
*Und an duftende,*
*Neblige Wiesen,*
*Und ich denke daran, wie sehr ich dich liebe.*

*Ich erinnere mich an*
*Heiße Sommernächte,*
*Schmetterlingskarten,*
*Feenstraßen,*
*Und ich denke daran, wie sehr ich dich liebe.*

*Ich erinnere mich an*
*Frostteppiche,*
*Silbermoos,*
*Weihnachtsschnee,*
*Und ich denke daran, wie sehr ich dich liebe.*

*Ich erinnere mich, wie sehr ich dich geliebt habe*
*Und dich immer noch liebe.*

KAPITEL 3

# Familien-Bande

*Zwei Straßen mündeten in einen Wald, und ich
nahm die weniger befahrene,
und genau das hat alles geändert.*

Robert Frost, 1874–1963
The Road Not Taken

Ich habe mein Leben auf der weniger befahrenen Straße verbracht.

Don sagt, ich „dümpele" ständig nur umher. Er geht äußerst ungern mit mir einkaufen, weil ich ein Geschäft nicht verlassen kann, bevor ich nicht an jedem einzelnen Regal entlanggegangen bin und mir alle Sachen ausgiebig angesehen habe.

Er bekommt noch immer ein nervöses Zucken im linken Augenwinkel, wenn jemand unsere letzte Reise erwähnt, bei der wir fünf Tage für vierhundert Meilen brauchten, weil ich jedes Museum und jeden historischen Platz besuchen, jeden Parkplatz und (wie er behauptet) jedes Schlagloch in der Straße ansehen mußte.

Ich möchte nicht der Herde folgen, ich möchte erforschen. Ich möchte umherziehen. Ich möchte dümpeln.

Da wäre zum Beispiel die Sache mit der Hausarbeit. Hausarbeit macht häßlich. Ich bin tatsächlich dieser Meinung. Nie habe ich mehr Zeit für die Hausarbeit verwendet als für meine Familie. Und zwar aus einem ganz einfachen Grund: Ein Haus ist der Ort, *wo* ich lebe. Meine Familie ist dagegen der Grund, *warum* ich lebe.

Wenn ich Geschirr spüle und eines der Kinder sagt: „Im Garten blüht eine Osterglocke auf", trockne ich meine Hände ab und gehe mit ihm in den Garten.

Ich kann nicht sagen, wie oft ich am Herd gestanden habe, und jemand kam herein und sagte: „Sieh dir nur den wundervollen Sonnenuntergang an. Der Himmel sieht aus wie flüssiges Gold!"

Dann stelle ich den Herd ab und gehe mit meiner Familie in den Hof. Ein Sonnenuntergang dauert nur Minuten, doch die Erinnerung bleibt ein Leben lang. Das Abendessen kann warten.

Wenn ein Kind mich bittet, mit ihm zu spielen oder etwas zu unternehmen, dann ist das für mich keine Unterbrechung, sondern eine Einladung.

Meine Kinder haben mich durch Feentunnels aus mit Rauhreif überzogenen Zweigen im Wald geführt. Sie haben mir Schwärme von Wildgänsen gezeigt, die bei Vollmond am Himmel vorüberzogen. Wir haben ganze Arme voll Wildblumen gepflückt, sind mit Füchsen um die Wette gelaufen, haben einen Berglöwen berührt, Dinosaurierknochen entdeckt und Höhlen erforscht.

Wie könnte ich die schönste Zeit meines Lebens mit Staubwischen und Putzen vergeuden?

Eines Tages wird mein Haus makellos sein. Ich werde jedes Zimmer von oben bis unten saubermachen.

Sobald die Osterglocken im Garten nicht mehr blühen, keine Wildgänse am Himmel mehr vorüberziehen und wenn niemand mehr sagt: „Schnell, Mama, du mußt unbedingt kommen und dir das ansehen!"

Die folgenden Verse aus dem Gedicht von Robert Frost habe ich immer besonders geliebt:

*Die Wälder sind lieblich, dunkel und tief,*
*doch ich muß mein Versprechen halten*
*und noch meilenweit gehen, bevor ich schlafen kann.*

Ich denke, irgendwie habe ich mir ein paar Minuten gestohlen, um diese Wälder zu durchstreifen, bevor ich nach Hause ging.

*

Bei meinem ersten Kind warnten mich die Leute: „Warte, bis er zwei Jahre alt wird. Das ist ein schreckliches Alter."

Nun, meine Kinder wurden eins nach dem anderen zwei Jahre alt, und sie waren überhaupt nicht schrecklich. Ein Zweijähriger ist süß. Er kann laufen, reden, diskutieren und ist einfach wundervoll.

Als meine Kinder größer wurden, sagten die Leute: „Warte nur, bis sie ins Teenageralter kommen."

Ich habe vier Teenager. Sie können laufen, reden, diskutieren und sind einfach wundervoll.

Ich habe meine Kinder in jedem Alter und in jeder Phase genossen, die sie durchgemacht haben. Nie hat mich eines von ihnen enttäuscht.

Bei uns gab es nicht viele Regeln, außer einer: *Verletze nie absichtlich ein lebendes Wesen. Zerstöre nichts, was dir nicht gehört, und freue dich an allem, was Gott dir gegeben hat.*

Wenn die Kinder diese Regel brachen oder „schlechter Laune" waren, verwendete ich meine tödlichste Geheimwaffe: Ich sang ihnen etwas vor.

Noch nie war ich der Ansicht, daß ein Mensch durch Schläge klüger, netter oder ehrgeiziger wird. Ich war immer der Meinung, daß man einen Menschen durch Schläge demütigt und ihm seine Würde nimmt.

Wenn die Kinder bestraft werden mußten, sang ich. Gott hat mich mit einer grauenvollen Stimme gesegnet. Wenn ich singe, klingt es, als hätte sich eine Katze in einem Ventilatorschacht verfangen. Da ich eine so scheußliche Stimme habe, singe ich möglichst nicht, und ich kenne auch nur den Text von einem Lied, nämlich „Jingle Bells."

Wenn die Kinder stritten, sang ich. Wenn sie schmollten, sang ich. Irgendwann brauchte ich nicht mehr zu singen. Ich brauchte nur noch damit zu drohen.

„Wenn du nicht um halb elf von diesem Fußballspiel zurück bist, werde ich singen ... und zwar vor allen deinen Freunden."

Das ist die absolut beste Waffe. Die Kinder kommen nie zu spät, aber sollte es doch einmal vorkommen ...

Meine Kinder sind der Meinung, ich sei übertrieben fürsorglich und überängstlich. Angesichts der Beinah-Katastrophen, die wir schon überlebt haben, glaube ich allerdings, daß ich nicht ängstlich genug bin.

Wir hatten einmal ein verwaistes Kalb, das nur wenige Pfund wog. Sein Fell war wie schwarzer Samt, und seine riesigen braunen Augen flehten um Hilfe. Ich wickelte es in ein Handtuch, hielt es in meinen Armen und fütterte es mit der Flasche.

Wir nannten es Baby und gaben ihm unzählige Liter Milch zu trinken. Wir liebten es, und es überlebte und wuchs. Und wuchs.

Baby wurde zu einem munteren kleinen Kalb, das mit den Hunden im Hof spielte und zu mir gelaufen kam, wenn ich mit seiner Flasche in den Hof trat.

Baby wurde größer, doch er vergaß niemals, daß ich ihn im Arm gehalten und ihm die Flasche gegeben hatte. Wann immer er mich sah, kam er angerannt. Es war lustig und süß, bis aus Baby ein ausgewachsener Bulle von tausend Pfund geworden war, der immer noch geknuddelt und gestreichelt werden wollte.

Von einem ausgewachsenen Bullen über die Weide gejagt zu werden, der seine Milchflasche haben möchte, ist gar nicht mehr lustig, sondern angsteinflößend. Baby wußte nicht, daß ein spielerischer Stoß mit seinem Kopf uns die Knochen brechen konnte.

Das Ganze wurde lächerlich, als wir immer am Tor stehen blieben, um zu sehen, wo Baby gerade graste, und dann über den Hof zum Stall rannten, um das Futter auszulegen, bevor Baby uns entdeckte.

Baby liebte unsere Familie über alles. Das war mein

Fehler. Ich hatte ihn verwöhnt, und nun war er gefährlich. Wir mußten Baby verkaufen, bevor er versehentlich einen von uns umbrachte.

An seinem letzten Morgen bei uns ging ich mit einer Flasche Milch auf die Weide.

„Baby!" rief ich.

Er kam mit aufgerissenen Augen und geblähten Nüstern auf mich zugelaufen. Zentimeter vor mir blieb er stehen und begann aus der Flasche zu trinken. Ich tätschelte sein weiches, schwarzes Fell.

„Ich werde dich vermissen, Baby", sagte ich, und das meinte ich auch so. Es war meine Schuld, daß wir ihn verkaufen mußten, und das tat mir schrecklich leid. Ich hatte ihn nicht erwachsen werden lassen. Nun würde er auf eine andere Farm kommen, wo er in einer Herde leben und wundervolle Kälber hervorbringen würde. Er würde Gras fressen und einen Namen bekommen, der besser zu einem Bullen paßte, wie zum Beispiel „Tornado" oder „Blitz". Niemand würde ihn mehr Baby nennen und mit einer Flasche füttern. Er mußte erwachsen werden. Ich mußte ihn loslassen.

Genauso erging es mir auch mit meinen Kindern.

„Du mußt uns eines Tages erwachsen werden lassen", sagte Kleine Antilope. „Wann wirst du die Schürzenzipfel abschneiden?"

An seinem sechzehnten Geburtstag bekam er einige hübsche Geschenke, doch er war sehr erstaunt, als er eine Schachtel öffnete und ein langes rosa Band darin fand.

„Was ist denn das?" fragte er und hielt es mit zwei Fingern in die Höhe.

„Du hast mich doch gebeten, die Schürzenzipfel abzuschneiden. Das habe ich getan", erwiderte ich.

Er sah in die Schachtel.

„Da liegt aber nur ein Schürzenzipfel drin", sagte er. „Wann wirst du den anderen abschneiden?"

„Niemals", lächelte ich.

Ich dachte immer, nur Kinder würden unter Wachstumsschmerzen leiden. Ich hatte unrecht, das Herz einer Mutter ist genauso von diesem Phänomen betroffen. Man hat das Gefühl, als würden zwei Steine unter dem Gewicht eines sich langsam bewegenden Gletschers aneinander gerieben.

Mir liegt diese tiefe Liebe zu meinen Kindern eben einfach im Blut. Ich kann nichts dagegen tun.

Eines der schönsten Komplimente habe ich einmal von einer vollkommen Fremden erhalten: „Sie sind die Art von Mutter", sagte die Frau, „die dafür sorgt, daß die Keksdose immer gefüllt ist und so steht, daß die Kinder sie erreichen können."

Nie habe ich ihre Worte vergessen, und die Keksdose ist zum ganz besonderen Symbol meiner Liebe zu meinen Kindern geworden.

Einige Mütter erlauben ihren Kindern keine Kekse, weil sie der Meinung sind, andere Nahrungsmittel seien gesünder. Ich respektiere ihre Entscheidung. Alle Eltern müssen selbst entscheiden, was gut für ihre Kinder ist und was nicht.

Ich persönlich bin jedoch der Meinung, daß in einem Schokoladenkeks viel Trost liegt. Und außerdem schmecken sie einfach wunderbar.

\*

Nach fünf (überwiegend) glücklichen Ehejahren hatte Gott meinem Mann und mir noch kein Kind geschenkt.

Ich beschloß, ernsthaft darum zu beten und versprach Gott, die perfekte Mutter zu sein, wenn er uns ein Kind schenken sollte, dieses Kind von ganzem Herzen zu lieben und es ganz in Gottes Sinne zu erziehen.

Gott erhörte meine Gebete und segnete uns mit einem Sohn.

Im folgenden Jahr segnete Gott uns mit einem weiteren Sohn.

Im darauffolgenden Jahr segnete Gott uns erneut mit einem Sohn.

Im darauffolgenden Jahr segnete Gott uns mit einer Tochter.

Mein Mann war der Meinung, wir würden so langsam in den unteren Rand der Sozialskala hineingesegnet. Wir hatten nun vier Kinder, und das älteste war vier Jahre alt.

Lassen Sie mich Ihnen einen guten Rat geben: Bitten Sie Gott niemals um etwas, wenn Sie es nicht ganz ernst meinen, denn er könnte Ihre Gebete erhören! Wie mein Pastor einmal sagte: „Wenn du um Regen bittest, achte darauf, daß du einen Regenschirm dabei hast."

Gott hatte mir vier Kinder anvertraut, und ich wollte ihn nicht enttäuschen. Ich versuchte, gelassen zu bleiben,

---

*Schrei im Wind mit Kleine Antilope in einer traditionellen indianischen Tragewiege*

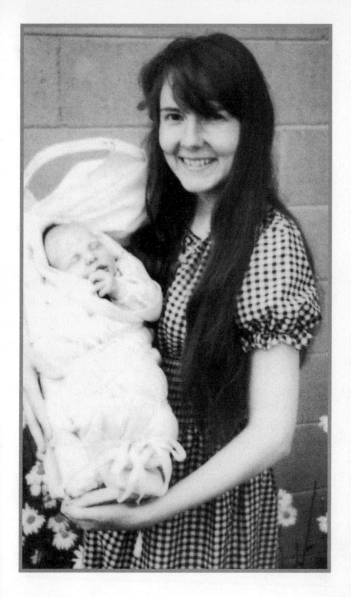

als die Kinder einmal zwei Dutzend Eier auf den Küchenboden warfen, weil sie nach Küken suchten.

Ich versuchte verständnisvoll zu sein, als sie in unserem Gästezimmer eine Pension für heimatlose Frösche einrichteten. Ich brauchte fast zwei Stunden, um die dreiundzwanzig Frösche einzufangen.

Als meine Tochter sich mit Ketchup einschmierte und in einem Bettuch einrollte, um zu sehen, wie sich ein Hot Dog fühlt, versuchte ich, das Ganze von der humorvollen Seite zu nehmen.

Obwohl ich in der ganzen Zeit mehr als 25.000 Windeln gewechselt, niemals eine warme Mahlzeit gegessen und selten länger als eine Viertelstunde geschlafen habe, danke ich Gott noch immer jeden Tag für meine Kinder.

Zwar habe ich mein Versprechen, eine perfekte Mutter zu sein, nicht gehalten (nicht einmal annähernd) – doch das Versprechen, sie im Sinne Gottes zu erziehen, habe ich eingelöst.

Ich merkte, wie „gut" ich meine Sache machte, als die Sonntagsschullehrerin einmal fragte, wer dem Reisenden aus Jericho geholfen habe, und mein Sohn antwortete: „Ein Amerikaner", anstatt der gute Samariter.

Ich wußte, daß ich ein wenig daneben lag, als ich meiner Tochter erzählte, wir würden in die Kirche gehen und Gott anbeten (engl.: „worship") und sie ein Stück Seife mitbrachte, weil sie Gott auch „waschen" (engl.: „wash up") wollte.

Einmal erklärte ich meinen Kindern, daß Gott uns ewiges Leben geben würde. Mein Sohn hatte mich anscheinend nicht richtig verstanden, denn er hielt es für sehr großzügig von Gott, uns sein „Eheweib" zu geben.

Am Ostersonntag zog ich unseren vier Kindern ihre neuen Kleider an. Drei von ihnen schafften es sauber in den Wagen, doch Schneewolke fiel der Länge nach in eine Pfütze. Als ich ihn endlich gewaschen und umgezogen hatte, waren wir spät dran.

Die Kirche war bereits wohlgefüllt, und nur in der ersten Reihe waren noch Plätze frei. Wir hatten keine Wahl und marschierten wie eine Osterparade den Gang entlang – ein Vater und eine Mutter mit drei ordentlich wie aus dem Bilderbuch gekleideten Kindern und einem mit zerknitterten Jeans, zerschlissenen Tennisschuhen und einem alten Micky-Maus-T-Shirt. Ganz eindeutig ein Fall von Kindesvernachlässigung!

Wir setzten uns in die erste Reihe und atmeten tief durch. Wir hatten es bis in die Kirche geschafft, jetzt konnte nichts mehr schiefgehen.

Als der Kollektenteller herumgereicht wurde, öffnete ich meine Tasche, um meinen Geldbeutel herauszunehmen. Eine Schlange hatte sich darin zusammengerollt.

Ich stieß einen markerschütternden Schrei aus und sprang auf, wobei der Inhalt meiner Tasche sowie der Kollektenteller breitflächig durch die Gegend flogen.

Die Schlange (nur eine Gummischlange, wie sich später herausstellte) landete im Chor und verursachte dort eine Panik, gegen die eine Stampede in einer Büffelherde harmlos wirkte.

Es dauerte nur fünf Minuten, bis wieder Ruhe eingekehrt war. Ich glaube, unser Pastor hatte eine besondere Begabung dafür, einen Aufruhr niederzuschlagen. Aber vielleicht war er auch einfach nur an unsere chaotische Familie gewöhnt.

Unsere vier Kinder litten seltsamerweise in bezug auf den Besitzer der Gummischlange und darauf, wie sie in meine Tasche gekommen war, unter plötzlichem Gedächtnisschwund.

Ein besonders erhebender Augenblick war das Weihnachtskrippenspiel. Meine Tochter spielte die Maria, zwei meiner Söhne waren Hirten, und mein jüngster Sohn war ein Weiser. Das war ihre Gelegenheit zu glänzen.

Mein fünfjähriger Hirte hatte seine Zeile gelernt: „Wir fanden das Kind in Windeln gewickelt", doch er war nervös und sagte: „Das Kind war in Binden gewickelt."

Meine vierjährige ‚Maria' sagte äußerst unheilig: „Doch nicht Binden, du Dummkopf, das sind doch Windeln!"

Zwischen Maria und dem Hirten brach ein heftiger Zweikampf aus, und erst ein Engel, der im Eifer des Gefechts seinen Heiligenschein und seinen linken Flügel verlor, konnte den Streit wieder schlichten.

Mein Mann und ich rutschten auf unseren Stühlen ein wenig tiefer, als ‚Maria' völlig aufgelöst die Puppe, die das Jesuskind darstellen sollte, fallenließ und „Mama! Mama!"-brüllend durch die Kirche lief.

Schließlich schafften wir es, daß ‚Maria' die Puppe wieder in den Arm nahm, sie einwickelte und fest an sich drückte, als die Weisen auftraten.

Unser anderer Sohn trat im Gewand seines Vaters und einer Papierkrone vor, kniete sich ehrfürchtig vor die Krippe und verkündete laut: „Wir sind die drei Weisen und bringen Geschenke von Gold, Schweinebauch und Dürre."

Die Gemeinde brach in Gelächter aus und klatschte laut Beifall.

„Noch nie habe ich ein Krippenspiel so genossen wie dieses", lachte unser Pastor und wischte sich die Tränen aus den Augen. „Nie mehr werde ich die Weihnachtsgeschichte hören können, ohne an Gold, Schweinebauch und Dürre denken zu müssen."

Soviel zu meinen perfekt erzogenen und zutiefst in christlicher Unterweisung gereiften Kindern.

KAPITEL 4

Viechereien

*Alle Dinge, hell und schön,
Alle Wesen, groß und klein,
Alle Dinge, klug und wundervoll,
Gott, der Herr hat sie geschaffen.*

Mrs. Alexander, 1818–1895

„Sie ist mir bis nach Hause gefolgt, Mama. Kann ich sie behalten?"

Wenn man in der Stadt lebt, bedeutet das in der Regel, daß Ihr Kind eine streunende Katze oder einen kleinen Hund mit nach Hause gebracht hat. Wenn man auf dem Land lebt, kann das alles mögliche bedeuten, von einem Küken bis zu einem Schwein. An diesem Tag war es eine Ziege.

„Ist sie nicht süß, Mom?" Schneewolke umarmte die übelriechende schwarze Mutterziege, die mich mit ihren leeren Augen anstarrte und kein Zeichen von Intelligenz erkennen ließ.

„Sie sieht wertvoll aus. Ich bin sicher, ein Farmer hat sie verloren und will sie zurückhaben." Ich hoffte, daß das stimmte.

„Wir werden eine Anzeige aufgeben, und wenn sich in einer Woche niemand gemeldet hat, kann ich sie behalten, ja?" meinte Schneewolke hoffnungsvoll.

„Na gut", stimmte ich zu. Mir war nicht klar, daß ich damit soeben mein Leben selbst zerstört hatte.

Niemand erhob Anspruch auf die Ziege, obwohl ich auch in der folgenden Woche noch einmal annoncierte. Ein sehr kluger Mensch hatte sie offentsichtlich vor unserer Haustür ausgesetzt und hegte nicht die Absicht, sich schuldig zu bekennen.

Die Ziege fraß alles, was sich in unserem Hof befand, außer der Katze. Sie mähte die Blumen mit Stumpf und Stiel ab und trampelte auf der Motorhaube meines Wagens herum. Sie wurde zudem immer dicker; ganz offensichtlich war sie trächtig.

Am Erntedankfest brachte sie Drillinge zur Welt. An diesem Abend fegte ein Schneesturm über unsere Farm hinweg, und die Ziegen mußten ins Haus geholt werden, damit sie nicht erfroren.

An diesem Abend kam auch unser Pastor zu Besuch. Er sagte, er würde keinen Menschen kennen, der Ziegen in seinem Wohnzimmer hielt. Er blieb nur wenige Minuten und behauptete, er wolle nach Hause, bevor die Straßen unpassierbar würden. Dabei hatte er eigentlich zum Essen bleiben wollen. Die Mutterziege kaute hingebungsvoll an seinen Schuhbändern; doch das brachte ihn auch nicht dazu, seine Meinung zu ändern. Ich mußte an den alten Witz denken, in dem ein Mann sagt, daß er jetzt seine

Ziege im Schlafzimmer halte. Darauf fragt sein Gesprächspartner entsetzt: „Ja, aber was ist mit dem Gestank?"
„Nun", sagt der Mann, „daran wird sich das Tier eben gewöhnen müssen."

\*

Wir stellten fest, daß eine erst vier Stunden alte Ziege in einer Stunde 42mal auf einen Stuhl springen, auf ein Sofa hüpfen und über einen Kaffeetisch rutschen kann. Drillinge können folglich 126mal springen, hüpfen und rutschen. Die Mutterziege saß in Dons geliebtem Ohrensessel, käute gemächlich wieder und zeigte wie immer keinerlei Anzeichen von Intelligenz.

Die traditionelle Weihnachtsparade fand ganz in der Nähe statt, und welches Tier erinnert uns mehr an Weihnachten als eine Ziege und drei Zicklein? Don versprach, die Ziege mit ihren drei Kleinen in seinem Wagen dorthin zu bringen, doch er verspätete sich, und wir hätten die Parade versäumt, wenn ich mich nicht mit meinen vier Kindern und den vier Ziegen in meinem Wagen auf den Weg in die Stadt gemacht hätte. Ich mußte verrückt gewesen sein, das zu tun.

Der Mutterziege gefiel das Autofahren soweit recht gut, aber sie bestand darauf, auf dem Beifahrersitz zu sitzen. Sie saß sehr aufrecht und war vorschriftsmäßig angeschnallt. Die drei Kinder hielten jeweils eine Baby-Ziege auf dem Schoß. Die Leute in den vorbeifahrenden Wagen starrten uns entgeistert an, und ich hoffte, sie hätten gemerkt, daß ich vier Ziegen in meinem Wagen hatte und nicht vier extrem häßliche Kinder.

Als wir in der Stadt ankamen, schmückte Schneewolke die vier Ziegen mit Lametta und Glöckchen und folgte der Musikkapelle und dem Festwagen mit dem Weihnachtsmann die Straße entlang.

Die Musikkapelle spielte „Hört, die Engel", und die Ziegen sprangen mitten in die Musikkapelle hinein und machten dort kurzen Prozeß. Der Weihnachtsmann sprang von seinem Festwagen herunter und half uns, die Ziegen vor der Eingangstür eines Geschäfts zusammenzutreiben.

Die Ziegen wurden wieder auf die Straße gezerrt und vor der Kapelle plaziert, damit eine möglichst große Distanz zwischen den Musikern und ihnen lag.

Schneewolke und seine Ziegen gewannen den zweiten Platz für den ungewöhnlichsten Auftritt. Das Bild der Mutterziege erschien groß auf der Titelseite der Zeitung, und sie sah zugegebenermaßen sehr gut aus.

Ich war im Hintergrund zu sehen und zeigte keinerlei Anzeichen von Intelligenz.

\*

Ich erinnere mich an Bilder, die Jesus zeigen, wie er ein kleines Lamm liebevoll im Arm hält. Jesus, der gute Hirte.

Das Leben eines Hirten scheint leicht zu sein. Er braucht nur über die Weiden zu wandern und den Schafen und Ziegen beim Fressen zuzusehen. Manchmal führt

---

*Verlorener Hirsch und Schneewolke mit einer der Ziegen*

er sie an einen Fluß, damit sie trinken können. Die Arbeit eines Hirten ist eine wundervolle Aufgabe.

Das war jedenfalls meine naive Vorstellung, bis wir selbst Schafe und Ziegen bekamen. Ich stellte fest, daß sie sehr intensive Zuwendung brauchen. Schafe sind unvorstellbar dumm, werden leicht krank und stellen unglaubliche Dummheiten an. Wir haben schon Schafe aus dem Teich gezogen und Ziegen von Bäumen gerettet. Sie haben nicht einmal genug Verstand, um sich aus eigenem Antrieb bei Regen oder Kälte in den Stall zurückzuziehen. Wenn ein Schaf richtig Angst hat, kann es sein, daß es sich hinlegt und einfach stirbt. Ziegen dagegen springen alles an, selbst wenn sie bei dem Versuch ihr Leben lassen.

Sie müssen nachts in den Stall gebracht werden, damit keine Kojoten oder ähnliches Raubzeug an sie herankommen. Ich kann an dreißig Vormittagen hintereinander zum Stall gehen und sie zur Weide führen, und sie folgen mir willig. Und an einem Morgen verwechseln sie mich aus heiterem Himmel mit einem Wolf und rennen panisch in fünfzehn verschiedenen Richtungen davon, wobei sie alles niedertrampeln, was ihnen in den Weg kommt – mit Vorliebe natürlich Dinge, die mir besonders am Herzen liegen.

Das seltsame Verhalten der Schafe ist mir sehr vertraut. Unzählige Male bin ich Gott so dicht gefolgt, daß ich ihn fast berühren konnte – und dann, aus keinem besonderen Grund, stürze ich wie ein Schaf kopflos davon und renne so schnell ich kann in die entgegengesetzte Richtung. Ich weiß es besser, genau wie unsere Schafe, aber das hält keinen von uns ab, rebellisch und dumm zu sein. Dann wieder bin ich so entmutigt, daß ich mich am liebsten hinlegen und einfach sterben würde, genau wie ein Schaf.

Ich hoffe und glaube, daß ich für den Rest meines Lebens die meiste Zeit direkt im Schatten des guten Hirten gehen werde, aber es wird immer wieder Gelegenheiten geben, wo ich über den Zaun springen und über die Hügel davonrennen werde auf der sinnlosen Suche nach dem grüneren Gras jenseits meiner eigenen Weiden.

Wie alle Schafe bin ich nicht vollkommen schlecht; ich bin nur manchmal ein wenig eigensinnig. Aber früher oder später werden alle verirrten Schafe müde, hungrig und ängstlich und erinnern sich daran, wer ihr Hirte ist. Und dann laufen wir wieder nach Hause.

\*

Es war ein Zufall, daß wir im Laufe der kommenden Jahre eine Ziegenfarm aufbauten. Hunderte Ziegen kamen und gingen. Wir liebten sie alle, und jedesmal, wenn wir eine verkauften, weinte ich. Ich stellte fest, daß jede Ziege eine einzigartige Persönlichkeit besaß, wenn auch nicht unbedingt eine besonders einnehmende. Jede hat sich in meine Erinnerung eingegraben.

„Erinnerst du dich noch an Nanny, Prissy und Pamia?" fragt manchmal ein Familienmitglied jemand, und wir alle lachen, weil sie so schrecklich blöd waren, so unangenehm gerochen haben und uns dennoch so lieb geworden waren.

Einmal kam ein Gewitter und brachte heftige Regenfälle und Sturm. Ich schrie die Schafe an, um sie in den warmen Stall zu treiben, doch sie hatten offenbar beschlossen, im Regen stehenzubleiben, bis er aufhörte oder bis ich ertrunken war – je nachdem, was zuerst eintrat.

Der nächste Blitz veranlaßte sie dann jedoch, um ihr Leben zu rennen, und während ich neben ihnen herplatschte, sah ich, wie ein kleiner Vogel unbeholfen über den Weg hüpfte. Er würde jeden Augenblick von den Schafen zertrampelt werden.

Ich rannte an dem hüpfenden Vogel vorbei und dachte, er sollte sich besser ein wenig beeilen, wenn er es bis zu dem Zaun schaffen wollte, bevor die Schafe über ihn hinwegtrampelten. Ich war beinahe versucht, ihn aufzuheben, doch er war zu jung, um allein zu überleben. Seine Eltern waren nirgends zu sehen. Selbst wenn ich ihn vor den Schafen rettete, würde er vermutlich vor Kälte sterben. Am besten ließ ich der Natur ihren Lauf. Nur die Starken überleben.

Wen wollte ich denn hier zum Narren halten? Natürlich brachte ich es nicht über mich, den Kleinen seinem Schicksal zu überlassen! Ich bückte mich, hob das durchnäßte Federknäuel auf und brachte es in den Stall, wo ich es auf einen Heuballen setzte.

„Das war's", sagte ich. „Ich habe dich vor dem Regen und den Schafen gerettet. Jetzt bist du auf dich selbst gestellt."

Der Vogel hüpfte im Kreis, fiel von dem Heuballen herunter und hoppelte prompt auf die Schafherde zu.

„Dummer Vogel!" rief ich, packte ihn und steckte ihn in meine Manteltasche.

Durch den strömenden Regen marschierte ich zum Haus. Ich hängte meinen Mantel auf und setzte den durchnäßten Vogel in einen Schuhkarton, den ich mit einem Handtuch ausgelegt hatte. Das Handtuch hatte ich vorher über dem Toaster erwärmt.

„Du kannst bleiben, bist der Regen aufhört", sagte ich und schob das Abendessen und einen Blaubeerkuchen in den Ofen.

Nach dem Abendessen sah ich nach dem Vogel. Er war getrocknet, und hatte seine wenigen Federn aufgeplustert. Es ist schwierig, bei so kleinen Vögeln die Sorte zu erkennen. Er konnte eine kleine Drossel oder aber ein kleiner Geier sein.

Ich wußte, ich hätte mich nicht einmischen dürfen. Wie oft hatte ich versucht, kleine Vögel wie diesen zu retten, die dann nach ein paar Tagen doch gestorben waren? Jedesmal hatte ich geweint und mir geschworen, es nie wieder zu tun.

Ich starrte in seine kleinen, runden Augen und fragte mich, ob er wohl denken konnte. Er blinzelte, und ich fragte mich, ob er sich wohl in bezug auf mich dasselbe fragte. Du meine Güte, wie klug muß ein Vogel schon sein, um einfach in einem Nest zu sitzen und seinen Schnabel aufzureißen, wenn seine Mutter mit einem Wurm nach Hause kommt? Er braucht ihn nicht einmal hinunterzuschlucken, sie stopft ihn ihm in den Hals bis halb in seinen Magen hinein. Aber dieser kleine Vogel hier war offensichtlich selbst dazu zu dumm. Ich fragte mich, ob Vögel wohl jemals aus ihren Nestern sprangen, um Selbstmord zu begehen, aber ich glaubte es eigentlich nicht. Wenn es einen nicht deprimiert, den ganzen Tag Würmer zu fressen, was soll einen dann noch zum Selbstmord treiben?

Ich hätte ihn nicht mit hineinbringen dürfen, sondern im Stall lassen sollen, wo seine Mutter ihn vielleicht gefunden hätte. Ich sah nach draußen. Es war stockdunkel.

Wenn ich ihn jetzt rausbringen würde, wäre er am Morgen vermutlich erfroren. Der Anblick eines toten kleinen Vogels, der seine dürren Beine in die Luft streckte, war nicht gerade eine erfreuliche Aussicht.

Wenn ich in den Wald ging und ihn dort auf einen Baum setzte, würde ich vielleicht eine Lungenentzündung bekommen oder vom Blitz getroffen werden, und dann würde *ich* am Morgen diejenige sein, die ihre dürren Beine in die Luft streckte. Auch keine erfreuliche Aussicht!

Ich würde ihn über Nacht im Haus behalten müssen, doch morgen früh würde er gehen. Ganz bestimmt! Ich puhlte einige Blaubeeren aus dem Kuchen und schob sie ihm in den aufgerissenenSchnabel.

Wir nannten ihn in unserer liebevollen Art „Dummer Vogel", und eine Woche später lebte er noch immer und wohnte in unserem Badezimmer. Da ich mir darüber im klaren war, daß ich es wohl nicht schaffen würde, einen Vogel stubenrein zu bekommen, schien es mir angebracht, ihn in einem gekachelten Raum zu halten. Einmal fiel er in all seiner Dummheit in das Toilettenbecken und wäre beinahe ertrunken, doch ich rettete ihn im letzten Moment und trocknete ihn mit meinem Fön.

Er hoppelte und hüpfte umher, schlug mit seinen winzigen Flügeln und machte entsetzliche Geräusche, die keinesfalls dem Gesang eines Vogels ähnelten. Überall hinterließ er seinen Mist – blauen Mist, weil er mehr Blaubeeren als sonst etwas fraß. Manchmal gab ich ihm Spaghetti und hoffte, er würde sie für Würmer halten. Er weckte uns stets im Morgengrauen, pickte uns in die Finger und begann, im Haus herumzufliegen. Langsam verwandelte er sich von einem Federbällchen in eine Drossel.

Ich wußte, ich mußte ihn bald gehen lassen. Wieder mein altes Problem. Doch die Alternative wäre gewesen, ihn in einem Käfig zu halten, aber er gehörte nicht in einen Käfig.

Am Sonntagmorgen vor dem Gottesdienst brachte ich „Dummer Vogel" in den Wald und ließ ihn frei. Er schwang sich in die Luft und flog davon. Kein Abschiedszwitschern. Gar nichts.

Vögel! Wer braucht sie schon?

Trotzdem, vielleicht kommt er ja eines Tages zurück. Vielleicht erinnert er sich an mich, setzt sich auf meine Schulter und zwitschert mir ins Ohr.

Vielleicht verschwendet er aber auch keinen Gedanken mehr an mich. Vögel haben vermutlich ein sehr kurzes Gedächtnis. Kein Wunder, wo ihr Gehirn doch so klein ist. Wahrscheinlich hat er mich bereits vergessen.

Meine Kehle war wie zugeschnürt, und das Schlucken fiel mir schwer.

Auf dem Weg zum Gottesdienst hielten wir an und kauften ein Vogelhäuschen und zehn Pfund Vogelfutter. Don und die Jungen stellten das Vogelhäuschen so auf, daß wir es vom Wohnzimmerfenster aus sehen konnten.

Vielleicht war „Dummer Vogel" noch immer in der Nähe. Vielleicht kam er zurück und setzte sich auf das Vogelhäuschen. Vielleicht baute er im Ahorn ein Nest und gründete eine Familie. Vielleicht kam er ja Jahr für Jahr zurück, zog seine Jungen groß, und mindestens eins würde nach ihm kommen und vor lauter Dummheit aus dem Nest fallen, und ich konnte für es sorgen.

Ich hätte nichts dagegen gehabt. Nicht wirklich. Es macht wirklich nicht viel Mühe, einen Vogel zu versorgen.

Man braucht ihn nur zehn- bis fünfzehnmal pro Tag zu füttern, und wenn er fortfliegt, bricht es einem das Herz.

Es macht wirklich keine Mühe, einen dummen Vogel zu versorgen.

Im Baum über mir höre ich einen Vogel singen. Es könnte „Dummer Vogel" sein, vielleicht ist er es auch nicht, aber er könnte es sein.

Ich hoffe, er ist es.

„Verkauft man nicht fünf Sperlinge für zwei Groschen? Dennoch ist vor Gott nicht einer von ihnen vergessen." (Lukas 12,6)

\*

Die Tage und Jahre waren bestimmt durch die Tiere, die in unser Leben traten und wieder daraus verschwanden. Wir konnten einige Tiere retten, verloren andere, und jedes hinterließ eine Erinnerung, ein Lächeln, eine Träne; jedes machte unser Leben ein wenig reicher.

Don hat die Angewohnheit, Überraschungen mit nach Hause zu bringen – manchmal schöne, manchmal nicht so schöne. Das kann alles mögliche sein, von einem ungewöhnlichen Stein, den er bei der Reparatur eines Zaunes auf der Weide gefunden hat, bis hin zu einer herrlichen Türkiskette, die er für mich gekauft hat.

An diesem Tag brachte er zwei Pferde mit.

„Sie sind wunderbar", meinte ich, als er sie auslud und auf die Koppel brachte. „Aber du solltest doch eigentlich nur einen Laib Brot und eine Flasche Milch mitbringen."

„Das Brot und die Milch habe ich vergessen", sagte er, während er zusah, wie der schlanke Fuchs, gefolgt von dem kleineren Schimmel, auf der Koppel herumsprang. „Auf dem Weg zum Geschäft habe ich einen Freund getroffen, der mir erzählte, er wolle diese beiden Pferde verkaufen. Ich erklärte ihm, ich würde sie vielleicht für die Kinder kaufen, wenn sie nicht zuviel kosten sollten." Er grinste.

„Wieviel?" Ich rechnete damit, daß er vermutlich unser ganzes Geld dafür ausgegeben hatte, aber das machte mir nichts aus. Ich liebe Pferde.

Zufrieden strahlte er mich an. „Mein Freund sagte, ich könnte die Pferde umsonst haben, unter einer Bedingung."

„Welche Bedingung?" fragte ich.

„Daß wir die beiden Pferde bis zu ihrem Tod behalten und nicht voneinander trennen", sagte Don.

„Wie bitte?" fragte ich. „Pferde können zwanzig, sogar dreißig Jahre alt werden." In Gedanken rechnete ich dreißig Jahre auf mein Alter und stellte mir vor, wie ich mir als alte Schachtel noch immer täglich einen Riesenballen Heu auf den Rücken lud, um die Pferde zu füttern.

„Das ist komisch." Irgendwie hatte ich das Gefühl, daß die Sache einen Haken haben mußte. Aber beide Pferde waren recht hübsch, wirkten gesund und schienen auch charakterlich einwandfrei zu sein.

„Einem geschenkten Gaul schaut man nicht ins Maul", meinte Don selbstgefällig. „Der Rote heißt Stern und der Schimmel Coco."

Stern lief durch die Tür in den Stall hinein. Coco rannte gegen die Wand, stieß sich den Kopf, drehte sich im Kreis und wieherte verwirrt.

„Er hat den Stall nicht gesehen", meinte Don, ging zu ihm und sah ihm in die Augen.

„Er ist blind wie eine Fledermaus", seufzte er.

„Ach, der Arme! Wir werden gut auf ihn aufpassen müssen, damit er sich nicht verletzt", meinte ich.

„Vielleicht brauchen wir das gar nicht", erwiderte er und deutete auf die Pferde.

Stern kam aus dem Stall und wieherte. Coco eilte zu ihm hin und folgte ihm zum Wassertrog. Sie tranken beide, und Stern kehrte in den Stall zurück, Coco nur wenige Zentimeter hinter ihm.

„Ein Pferd als Blindenhund?" Ich konnte es kaum glauben.

„Jetzt weiß ich, warum der Mann nicht wollte, daß sie getrennt werden. Ohne Stern ist Coco hilflos", sagte Don.

Noch am selben Nachmittag ritten die Kinder auf beiden Pferden im Hof umher. Coco folgte Stern so dicht, als wären sie mit einem unsichtbaren Seil aneinandergebunden. Die Kinder waren von den Pferden hellauf begeistert. Don und ich erklärten ihnen, daß Coco vollkommen blind sei und nur zusammen mit Stern geritten werden könnte. Nachdem wir uns vergewissert hatten, daß die Pferde wirklich lammfromm waren und die Kinder ausgezeichnet mit ihnen klarkamen, gingen Don und ich ins Haus.

Wie aus dem Nichts ertönte auf einmal Hufgetrappel und ein lautes: „Los, Coco, los!"

Wir drehten uns um und sahen gerade noch, wie Schneewolke mit Coco über den Hügel davongaloppierte.

„Er wird sich den Hals brechen!" schrie ich. Ich sah schon vor mir, wie sie in einen Zaun rannten oder in eine Grube stürzten.

Wir rannten hinter Schneewolke her, doch in diesem Augenblick wendete er Coco und galoppierte auf uns zu.

Sie schossen an uns vorbei und durch das Tor der Koppel. Schneewolke brachte Coco zum Stehen und stieg ab.

„Ein tolles Pferd!" rief er.

Don und ich waren sprachlos.

„Schneewolke, du hättest dir das Genick brechen können!" rief ich, als ich endlich meine Stimme wiederfand. „Coco kann doch nichts sehen!"

„Er braucht nichts zu sehen. Ich passe für ihn auf. Nie würde ich ihn irgendwohin führen, wo es gefährlich ist oder zulassen, daß er sich verletzt." Schneewolke tätschelte den Hals des Pferdes. „Er vertraut mir."

So einfach war das. Coco war allein vollkommen hilflos und der Gnade der anderen Tiere und Menschen in seiner Umgebung ausgeliefert. Aber er war nie nervös oder ängstlich. Er vertraute vollkommen darauf, daß Stern ihn über die Weide, zum Stall und zum Wassertrog führte. Er vertraute Schneewolke, daß er ihn sicher führte.

Dieses kleine weiße Pferd, kannte uns noch keine Stunde, doch es vertraute uns voll und ganz.

Ich spürte, wie Schuldgefühle in mir hochstiegen. Mein Vertrauen in Gott war nicht halb so groß. Ich behauptete, ich würde Gott vertrauen, doch dann machte ich mir Sorgen. Manchmal hatte ich Zweifel und häufig echte Angst.

Wahres Vertrauen war bei diesem blinden Pferd zu finden, das mit seinem jungen Reiter mit halsbrecherischer Geschwindigkeit über die Weiden galoppierte. Der Junge vertraute darauf, daß das Pferd sofort jeden seiner Befehle ausführte, und das Pferd vertraute darauf, daß sein Herr immer nur tat, was gut für ihn war. Es gab zwischen ihnen keinen Raum für den geringsten Zweifel oder Furcht.

„Ich werde dir nun mehr vertrauen", flüsterte ich Gott leise zu.

*

Im Laufe der folgenden Jahre ritten Schneewolke und Coco Hunderte von Meilen zusammen. Coco wurde eine Berühmtheit, und die Leute blieben häufig stehen, um Coco und seinen Blindenführer auf der Weide zu beobachten. Die Leute nahmen die Pferde sogar als Orientierungspunkt, wenn sie Wegbeschreibungen weitergaben.

„In Tanglewood links und die Straße entlang, bis du zwei Pferde auf einer Weide siehst, ein rotes und ein weißes, dann noch eine Meile und danach rechts."

Coco und Stern waren nicht nur Pferde, sie waren Freunde, Haustiere, Lehrer, Gefährten und Orientierungspunkte.

Nach zehn glücklichen Jahren starb Coco.

An einem kalten Januarmorgen ging ich in den Stall, um die Pferde zu füttern, und Coco war tot. Ohne Schmerzen und ohne Todeskampf war er im Schlaf gestorben. Am Abend vorher, als er seinem Freund zum letzten Mal in den Stall folgte, war es ihm noch gut gegangen.

Mit gesenktem Kopf stand Stern lange neben seinem Gefährten.

---

*Kleine Antilope und Schneewolke mit ihren Haustieren*

Ich setzte mich neben Coco und weinte. Coco war ein ganz besonderes Geschenk gewesen, und nun war er tot, und wir alle würden ihn schrecklich vermissen.

Eisregen fiel, als Verlorener Hirsch und ich ein Grab aushoben. Verlorener Hirsch hackte den steinigen, gefrorenen Boden auf, und ich schaufelte den Schutt fort. Wir brauchten sechs Stunden für das Loch.

Bevor wir ihn begruben, schnitt ich ihm eine Locke seiner weißen Mähne ab. Ich wollte sie behalten. Vor Jahren, als mein geliebtes Pferd Donnerhuf gestorben war, hatte ich auch eine Strähne ihrer Mähne abgeschnitten. Ich bewahrte sie noch immer in einer kleinen Schachtel auf. Mittlerweile waren seit Donnerhufs Tod 27 Jahre vergangen, und ich konnte die Haarsträhne immer noch nicht ansehen, ohne daß mir Tränen in die Augen stiegen.

Wir begruben Coco und legten ihm sein Zaumzeug mit ins Grab.

Stern stand nur wenige Meter entfernt und wieherte, als würde sein Herz brechen. Wochenlang trauerte er, und er verlor so viel Gewicht, daß wir dachten, er würde ebenfalls sterben. Den ganzen Tag trottete er am Zaun entlang und hielt Ausschau nach seinem Freund. Die Ziegen folgten ihm und schliefen nachts zusammengerollt zu seinen Füßen. Sie halfen ihm über seine Einsamkeit hinweg, und als der Frühling kam, nahm Stern wieder zu, und sein Fell begann wieder zu glänzen.

Wir alle vermissen Coco, das kleine blinde Pferd, das uns so vieles über Vertrauen und Mut gelehrt hatte.

Es ist schrecklich, etwas zu lieben, das der Tod berühren kann.

## Kapitel 5

## Die Farbe der Eichenblätter im Oktober

„Er macht es schon wieder. Jeden Morgen wird die Flagge gehißt, jeden Abend wieder eingezogen. Er muß irgendein Fanatiker sein", meinte Schneewolke, als er aus dem Küchenfenster starrte.

„Mr. Greenwood ist eben Patriot", erklärte ich.

„Wir sind auch Patrioten, aber wir haben keinen zehn Meter hohen Flaggenmast in unserem Garten stehen", widersprach er. „Ich wette, er ist ein Spion und hißt die Flagge bloß, damit niemand ihn verdächtigt."

„Der Spion kommt heute abend zum Abendessen. Dann kannst du ihn ja fragen, welche wertvollen Informationen er zu finden hofft", meinte ich.

Als Mr. Greenwood abends kam, trug er einen Anzug mit Krawatte, und es war offensichtlich, daß er sich auf den Abend gefreut hatte.

„Warum hissen Sie jeden Tag die Flagge?" fragte Schneewolke, der noch nie dazu neigte, Zeit mit unnützem Geplauder zu vergeuden.

„Das hat eine Menge Gründe, denke ich", lächelte Mr. Greenwood. „Ich bin froh, Amerikaner zu sein. Mir gefällt es, wenn ich sehe, wie die Flagge am Mast hochklettert. Das gibt mir ein gutes Gefühl."

„Ich dachte, Sie sind vielleicht ein Spion", meinte Schneewolke.

Mr. Greenwood lachte, und sein Gesicht sah dabei aus wie eine zerknitterte Papiertüte. „Nein, ich bin kein Spion. Früher war ich Soldat. Bereits mit siebzehn trat ich in die Armee ein. Ich habe den Zweiten Weltkrieg mitgemacht. Beide Beine wurden mir angeschossen, aber ich hatte mehr Glück als viele andere Jungs; ich konnte nach Hause. So viele gute junge Männer auf beiden Seiten haben ihr Leben verloren. Es war schrecklich, auf Jungs zu schießen, mit denen wir hätten Fußball spielen können", sagte er traurig.

„Haben Sie Orden bekommen?" fragte Schneewolke.

„Ja, ein paar habe ich zugesprochen bekommen, sie aber nie erhalten. Außerdem haben wir nicht versucht, uns Orden zu verdienen, wir wollten einen Krieg gewinnen", entgegnete Mr. Greenwood.

„Sie haben Ihre Sache bestimmt gut gemacht", meinte Schneewolke. „Vielen Dank."

Mr. Greenwood tätschelte ihm die Schulter. „Keine Ursache."

„Nein, ich meine es ernst", beharrte Schneewolke. „Vielen Dank."

Der Abend flog nur so vorbei. Mr. Greenwood war ein sehr netter und interessanter Mann, und wir waren froh, ihn zum Nachbarn zu haben.

Am nächsten Morgen standen wir am Fenster und beobachteten, wie Mr. Greenwood die Flagge hißte.

„Gestern abend habe ich etwas für ihn gebastelt", sagte Schneewolke. Er streckte uns die Hand entgegen. „Es ist die Kopie eines Ordens aus dem Zweiten Weltkrieg. Ich habe ein Bild davon in einem Buch gefunden."

Ein Stern aus Goldfolie, dessen Spitzen in Punkte mündeten und leicht gekrümmt waren, hing an einem gestreiften Band, das ich als ein Stück von Sturmwolkes Lieblingshemd identifizierte.

„Ich weiß, es ist nicht der echte, aber er wird den richtigen Orden doch nie bekommen, nicht wahr?" fragte er.

„Nein, mein Sohn, das wird er nicht", antwortete ich. „Du könntest ihn ihm doch sofort geben."

„Ich traue mich nicht, allein hinüberzugehen. Würdest du mitkommen?"

„In Ordnung", stimmte ich zu.

„Ich weiß, es ist etwa vierzig Jahre zu spät, aber ich habe Ihnen Ihren Orden gebracht", sagte Schneewolke und heftete das Pappmodell an die Hemdtasche des alten Mannes.

Mr. Greenwood ging in Hab-Acht-Stellung und salutierte. Damit verlieh er der kleinen Zeremonie eine solche Feierlichkeit, daß uns allen Tränen in den Augen standen.

„Ich könnte nicht stolzer sein, wenn der Präsident selbst mir ihn verliehen hätte", sagte er.

Ein paar Tage später machte ich einen Besuch bei Mr. Greenwood und entdeckte einen Bilderrahmen über seinem Tisch. Darin steckte ein Bronzestern aus Goldfolie an einem Stück von dem Lieblingshemd eines Kindes. Es bedeutete dem alten Soldaten offensichtlich sehr viel.

Am folgenden Morgen sah Schneewolke aus dem Küchenfenster, um Mr. Greenwood zu beobachten, wie er die Flagge hißte.

„Mama, sieh nur!" rief er und rannte zur Tür hinaus.

Ich befürchtete, dem alten Mann sei etwas passiert und lief hinter meinem Sohn her.

An der Ecke unserer eigenen Veranda war ein Flaggenmast aufgestellt worden. Über dem Geländer hing eine sorgfältig zusammengefaltete amerikanische Flagge – ein ganz besonderes Geschenk eines alten Patrioten an einen kleinen Jungen.

Schneewolke entfaltete die Flagge und befestigte sie an dem Mast. Fröhlich flatterte sie im Wind.

Mr. Greenwood stand in seinem Hof und beobachtete uns. Schneewolke salutierte, und der alte Mann lächelte und salutierte ebenfalls.

\*

Als Verlorener Hirsch zwölf Jahre alt war, wurde ihm ein Ferienjob angeboten. Die Arbeit war leicht, nahm nur fünfzehn Minuten am Tag in Anspruch und wurde gut bezahlt.

Natürlich gab es einen Haken.

Die Frau, die ihn anstellen wollte, war verrückt. Alle sagten das.

Ich mußte zugeben, daß ich bereits einige ziemlich seltsame Geschichten über Miss Neal gehört hatte und mir Gedanken um die Sicherheit meines Sohnes machte.

„Vielleicht könnten wir Miss Neal gemeinsam besuchen", schlug ich vor. „Wir könnten dann selbst sehen, ob sie ..." Ich wollte das Wort „verrückt" nicht aussprechen, „... ob sie eine Dame ist, für die du arbeiten solltest."

Verlorener Hirsch war es peinlich, daß seine Mutter ihn zu seinem ersten Vorstellungsgespräch begleitete, aber gleichzeitig war er auch ein wenig erleichtert, daß er der berüchtigten Miss Neal nicht allein gegenübertreten mußte.

Wir gingen zusammen den Weg zu dem alten zweistöckigen Gebäude hinauf, in dem Miss Neal wohnte. Die Vorhänge waren vorgezogen und die Fenster trotz der Sommerhitze fest geschlossen.

Wir klopften an die Tür, und eine zittrige Stimme bat uns, hereinzukommen. Miss Neal saß in einem Schaukelstuhl in der Nähe eines Ofens. In dem Zimmer war es bereits so heiß wie in einem Backofen, aber Miss Neal legte noch mehr Holz nach.

„Ich friere immer", erklärte sie. „Du wirst zweimal pro Woche meinen Holzvorrat nachfüllen müssen. Einmal pro Woche brauche ich ein paar Lebensmittel, aber vor allem möchte ich, daß jemand jeden Tag einmal vorbeischaut, um zu sehen, ob ich noch hier oder bereits in den Himmel gegangen bin."

Verlorener Hirsch schob seinen Stuhl ein wenig weiter von dem Ofen zurück. Die Vorstellung, eines Tages herzukommen und festzustellen, daß Miss Neals Seele in den Himmel gegangen, ihr lebloser Körper jedoch noch hier war, erschreckte ihn ein wenig.

Ich sah mich vorsichtig in dem Zimmer um. Keinesfalls wollte ich neugierig erscheinen. Das Haus wirkte ein wenig kahl; dieses Wort kam mir unwillkürlich in den Sinn. Es gab keine Familienbilder oder Erinnerungsstücke, nichts von dem Krimskrams, der normalerweise im Haus einer alten Frau zu finden ist.

Sie war neunzig Jahre alt, doch nach ihren Besitztümern zu urteilen, konnte sie frühestens gestern geboren worden sein. In ihrem Leben hatte sie keinen irdischen Besitz angesammelt.

Sie war sehr dünn, so dünn, daß sie aussah wie ein Bündel Stöcke, in der Form eines Menschen zusammengebunden.

„Du hast schönes Haar, Verlorener Hirsch, aber nicht so schön wie das von Mark", sagte sie. „Sein Haar hat die Farbe von Eichenblättern im Oktober, man kann es nicht anders beschreiben." Sie lächelte, und ihr Gesicht mit den vielen Runzeln bekam einen glücklichen Ausdruck.

„Ich glaube nicht, daß ich ihn kenne", meinte Verlorener Hirsch. „Kein Junge in der Schule hat so eine Haarfarbe."

„Nein, natürlich kennst du ihn nicht. Er ging fort, als er siebzehn war. Mark und ich wurden im Jahr 1900 geboren, er am fünfzehnten April, ich am dreiundzwanzigsten", erklärte sie. „Wir haben uns schon immer geliebt. Wir wollten heiraten, aber 1917 mußte er nach Europa in den Krieg."

Es war so still im Zimmer, daß ich die Luft anhielt, ohne zu wissen, warum.

„Er ist noch nicht wiedergekommen, aber eines Tages kommt er nach Hause. Er schrieb mir immer so wundervolle Briefe. Der Krieg war schrecklich, der deutsche Winter bitterkalt." Sie schaukelte langsam hin und her. „Mark erzählte mir, wie kalt es dort war, und seither ist mir nie mehr richtig warm geworden. Alle sind gestorben, seine

Eltern, meine Eltern, meine Schwester. Ich bin die einzige, die noch übrig ist und darauf wartet, daß er nach Hause kommt. Ich bin die einzige, die hier sein wird, um ihn willkommen zu heißen, wenn der Krieg vorüber ist."

Ich sah meinen Sohn an und betete, daß er still sein würde. „Sag es nicht, bitte, sag es nicht", flehte ich innerlich. Verlorener Hirsch schwieg.

Der Erste Weltkrieg war für andere vielleicht im Jahr 1918 zu Ende gegangen, aber für Miss Neal wütete er seit vierundsiebzig Jahren.

„Möchtest du den Job haben?" fragte sie. „Einige Jungen sagten, sie wollten den Job, kamen dann aber nicht mehr wieder. Sie halten mich für verrückt. Hältst du mich auch für verrückt?"

„Nein. Na ja, vielleicht ein bißchen", antwortete Verlorener Hirsch. „Aber jeder ist auf seine Weise verrückt. Ich will den Job."

Sie lachte.

„Ich werde gleich morgen früh anfangen. Mein Vater hat frische Erdbeeren im Garten. Ich könnte Ihnen welche mitbringen", schlug er vor.

„Das wäre schön, aber bring genug für zwei mit", sagte sie, „für den Fall, daß Mark nach Hause kommt. Er liebt nämlich Erdbeeren."

Den ganzen Sommer lang ging Verlorener Hirsch jeden Morgen zu ihrem Haus. Er brachte ihr Blumen und Gemüse aus unserem Garten. Wenn sie vergaß, ihn zu bezahlen, zuckte er nur die Achseln und sagte, es mache nichts. Manchmal brachte er ihr zur Abwechslung auch Kuchen mit, aber immer zwei Stücke, für alle Fälle.

Für Verlorener Hirsch war der Erste Weltkrieg von da

an nicht mehr nur ein geschichtliches Ereignis. Er war ein schrecklicher Alptraum für ihn, weil Miss Neal mit siebzehn Jahren ihre wahre Liebe verloren und den Rest ihres Lebens allein verbracht hatte und es ihr seither nie mehr warm geworden war.

Im September bekam Miss Neal einen Schlaganfall und wurde in einem Pflegeheim untergebracht. Kurz darauf starb sie.

Sie war die letzte Person auf der ganzen Welt gewesen, die wußte, wie Marks Haar ausgesehen hatte. Es hatte die Farbe von Eichenblättern im Oktober, und sie hatten sich schon immer geliebt.

Kapitel 6

Die Bärentür

Alpträume können schrecklich sein. Sie schleichen sich ein, wenn die Kinder schlafen, treten an ihr Bett, wecken sie auf und lassen sie mit klopfenden Herzen zurück. Und auf einmal sieht jeder Schatten im Zimmer aus wie ein Ungeheuer.

Frühlingssturm und Schneewolke hatten Alpträume. Kaum eine Nacht verging, in der sie nicht aufwachten und nach mir riefen.

Manchmal reicht es nicht aus, den Kindern nur zu erzählen, daß alles nur ein Traum war und ihnen nichts passieren kann. Manchmal brauchen sie etwas, das sie sehen und berühren können.

Ich erinnerte mich an die Geschichte vom Traumnetz. Indianische Mütter verwendeten es über Jahrhunderte hinweg, um böse Träume fernzuhalten. Ich nahm einen Weidenzweig, formte einen Kreis daraus, heftete Wildlederstreifen daran und ließ nur in der Mitte eine kleine Öffnung. Daran befestigte ich Federn und Perlen und hängte das Ganze über das Bett meiner Tochter.

„Dies wird alle Träume auffangen, die in der Luft herumschweben", versprach ich. „Die bösen Träume werden in dem Netz abgefangen, aber die schönen Träume fliegen durch das Loch und legen sich auf dein Kissen. Du wirst keine bösen Träume mehr haben."

Es beunruhigte mich, daß ich das Traumnetz vollkommen vergessen hatte. Ich fragte mich, wie viele andere indianische Traditionen ich wohl im Laufe der Jahre vergessen hatte, weil ich zu beschäftigt gewesen war.

Schneewolke sah, wie ich nach einem zweiten Weidenzweig für sein Traumnetz griff.

„Für mich brauchst du keines zu machen", sagte er. „Ich glaube nicht daran. Das ist doch nur ein alter indianischer Aberglaube." Eigensinnig streckte er sein Kinn vor. „Ich bin schon groß, ich brauche solche Märchen nicht mehr."

Wie ich dieses Kind liebte! Und wie selten konnte ich es ihm richtig zeigen.

„Du hast recht", stimmte ich zu, „Traumnetze sind für deine Schwester in Ordnung, denn immerhin ist sie ein ganzes Jahr jünger als du, aber du bist bald ein Teenager, und du brauchst die Realität. Ich denke, du bist nun alt genug für das Familiengeheimnis."

„Familiengeheimnis?" fragte er, und seine dunklen Augen funkelten aufgeregt.

---

*Schrei im Wind*

„Ja, aber du darfst es niemand anderem erzählen. Nur zwei Leute kennen dieses Geheimnis: du und ich."

„Ich werde es bestimmt nicht weitererzählen", flüsterte er.

Ich nahm seine Hand, und wir schlichen durch das Haus, bis wir vor der Eingangstür standen.

„Und hier ist das Geheimnis", flüsterte ich. „Das ist nämlich keine gewöhnliche Tür. Es ist eine echte Bärentür. Sie wurde von einem alten Mann in den Bergen aus Eisenholz gearbeitet. In den Bergen gab es Hunderte von Bären, und er wußte, er mußte die stärkste Tür der Welt machen. Diese Tür kann Bären, Wölfe, schlechte Menschen und auch Alpträume abhalten."

Schneewolke legte seine Hände an die Holztür.

„Solange wir diese Bärentür haben, kann nichts Schlimmes in unser Haus hineinkommen. Nicht einmal der größte Bär der Welt könnte diese Tür einrennen. Aber du bist so stark, du kannst sie mit einem Finger aufdrücken", sagte ich.

Er öffnete die Tür mit einem Finger, dann sah er mich lächelnd an.

„Woher wissen wir, daß sie Bären abhält?" fragte er.

„Hast du jemals einen Bären in unserer Küche gesehen?" fragte ich. „Weißt du, falls jemals ein Bär in unser Haus käme, würde er sofort in die Küche gehen wollen, weil er alle unsere Nahrungsmittel auffressen möchte, vor allem meine leckeren Schokoladenkekse. Wenn wir das erste Mal einen Bären in unserer Küche sehen, wissen wir, daß die Tür alt und verschlissen ist. Bis dahin ist die Bärentür so stark wie Eisen, und sie wird alle bösen Dinge draußen halten."

Die Alpträume wurden seltener und verschwanden schließlich ganz.

Beinahe ein Jahr verging, bis Schneewolke zu mir kam, meine Hand nahm und mich zu der Tür führte.

„Sieh dir die Tür an, Mama! Sie hat Einkerbungen an der Stelle, wo ich sie immer mit dem Fuß auftrete. Es ist nur eine Tür", lachte er. „Sie ist nicht aus Eisenholz gearbeitet; es ist eine ganz normale, billige Holztür, die nicht einmal einen Kater davon abhalten würde, in unser Haus zu kommen. Du hast das alles nur erfunden!"

„Aber es hat doch tatsächlich die Alpträume verscheucht", erinnerte ich ihn.

„Nein", sagte er, „*du* hast die Alpträume verscheucht."

„Vergiß nicht die Bären", lachte ich und nahm ihn in den Arm. „Es sind tatsächlich nie welche in die Küche gekommen, oder? Also hat die Tür funktioniert."

Kapitel 7

## Das Wasser und ich

*Glaube, der nicht zweifelt, ist ein toter Glaube*

Miguel de Unamundo, 1864–1936

Als ich sechs Jahre alt war, ertrank mein bester Freund im nahegelegenen Fluß.

Das Wasser war kalt, schwarz und unergründlich tief. Als man meinen Freund schließlich fand, standen die Menschen am Flußufer und weinten. Ich weinte nicht, weil ich dachte, mein Freund würde am folgenden Tag oder in der folgenden Woche zurückkommen. Ich wußte nicht, daß der Tod unwiderruflich ist.

Am nächsten Tag begann es zu regnen, und es hörte nicht mehr auf, bis der Fluß über die Ufer trat und die ganze Stadt überflutete. Als unsere Familie beschloß, die Stadt zu verlassen, stand das Wasser bereits in unserem Hof. Wir hatten fast zu lange gewartet.

Als wir über die Brücke fuhren, brach sie zusammen,

und unser Wagen stürzte ins Wasser. Er verfing sich im Treibholz, so daß er nicht ganz unterging, doch ich saß auf dem Rücksitz und sah, wie das Wasser durch das Fenster eindrang. Ich war vor Furcht wie gelähmt und konnte mich nicht rühren. Ich bewegte mich nicht einmal, als ein Fisch hereinschwamm, über meinen Schoß glitt und den Wagen durch das Fenster auf der anderen Seite wieder verließ.

Meinem Onkel gelang es, uns aus dem Wasser zu ziehen. Während die Erwachsenen den Verlust des Wagens betrauerten, blickte ich in das dunkle Wasser und fragte mich, ob der Geist meines Freundes sich irgendwie immer noch in dem Fluß aufhielt. Ich konnte mir nichts Schlimmeres vorstellen, als in diesem schrecklichen dunklen Wasser gefangen zu sein.

Als ich größer wurde, hielt ich mich möglichst vom Wasser fern. Ich wäre vollkommen zufrieden gewesen, wenn ich mitten in einer Wüste gelebt hätte, wo es außer dem Wasser in meiner Trinkflasche keine Pfütze gab.

Als Dons Chef heiratete, lud er uns zum Hochzeitsempfang in ein sehr elegantes Hotel ein, in dessen Eingangshalle Fontänen und Wasserfälle plätscherten. Da er ein sehr großzügiger Mensch ist, sagte er, wir könnten unsere Kinder mitbringen.

Don und ich kamen überein, daß jeder von uns auf zwei unserer Kinder aufpassen sollte, und wir wollten auch nur eine Stunde bleiben, damit die Kinder sich nicht langweilten oder müde wurden. Wir würden wieder gehen, bevor irgend jemand merkte, wie es wirklich war, wenn man vier Kinder unter fünf Jahren hatte.

Wir beteten für die beiden Neuvermählten und dafür,

daß die Kinder uns nicht in Verlegenheit bringen würden. Wir wußten nicht, daß wir ganz falsch gebetet hatten.

Ich trug ein wunderschönes neues Kleid mit einem weiten Rock, und Don hatte einen neuen blauen Anzug bekommen. Wir fanden uns sehr elegant.

Wir tranken Punsch und aßen leckere kleine Sandwiches. Gerade als Braut und Bräutigam den Kuchen anschneiden wollten, sah ich, wie die kleine Frühlingssturm in einem der Brunnenbecken verschwand.

Sie würde ertrinken! Ich stellte mein Punschglas hin, rannte durch die Menge zum anderen Ende der Halle und sprang ohne zu zögern in das Wasserbecken.

Das Becken war nur knietief. Ich stand mit meinen Stöckelschuhen im Wasser, während mein Rock wie eine welkende Blume auf der Wasseroberfläche trieb. Und was noch peinlicher war: Frühlingssturm war gar nicht in das Wasserbecken gesprungen, sondern dahinter; es hatte nur so ausgesehen, als sei sie im Wasser.

Ich stieg langsam aus dem Becken. Mein Rock war tropfnaß, aus meinen Schuhen schwappte das Wasser. Verlegen begab ich mich zu unserem Wagen, während Don unsere vier Kinder einsammelte.

Es hatte keinen Zweck zu erklären, warum eine erwachsene Frau mitten in einer Hochzeitsfeier wie von Furien gehetzt quer durch den Saal rannte und scheinbar grundlos in ein Brunnenbecken sprang.

Am nächsten Tag beschloß Don, es sei an der Zeit, seiner Familie das Schwimmen beizubringen. Die vier Kinder lernten es praktisch über Nacht.

Doch wie sehr ich mich auch bemühte, ich konnte meine Angst vor dem Wasser nicht überwinden. Trotz all seiner Bemühungen konnte Don mich nicht dazu bringen, mich treiben zu lassen. Wenn er mich und ein Bleirohr gleichzeitig ins Wasser geworfen hätte, wäre ich zuerst gesunken.

In einer Familie von Schwimmern bin ich die einzige, die am Strand sitzt und die anderen im Wasser beobachtet.

Eines Tages sah ich zu, wie die Kinder im Wasser spielten. Schneewolke schwamm weiter hinaus als je zuvor. Mein Mund wurde trocken, und mein Herz begann zu klopfen. Ich lief zum Wasser und rief, er solle zurückkommen, aber er hörte mich nicht.

Er war zu weit draußen, und er würde es nie zum Strand zurück schaffen. Ich sah mich um. Alle anderen waren viel zu weit entfernt, um ihn zu erreichen.

„Schneewolke! Komm zurück! Komm zurück!" rief ich. Tränen strömten meine Wangen hinunter. Er würde es nicht schaffen, er würde es nie schaffen. Er würde ertrinken!

Da sah ich, wie Schneewolke unterging.

Es war keine Zeit zu verlieren. Ich rannte los und stürzte mich ins Wasser.

„Bitte, Gott", betete ich, „laß mich nur drei Minuten lang schwimmen können. Bitte Gott, hilf mir nur dieses eine Mal zu schwimmen, nur drei Minuten lang.

Ich hatte von Leuten gehört, die nie schwimmen gelernt und doch jemanden vor dem Ertrinken gerettet hatten. Ich hatte von Leuten gehört, die ein paar Minuten lang Bärenkräfte bekommen hatten, um Autos von Menschen zu heben und sie vor dem sicheren Tod zu bewahren.

Ich konnte es schaffen! Ich konnte hinausschwimmen und meinen Sohn vor dem Ertrinken retten!

Doch ich schaffte es nicht.

Ich bewegte die Arme und trat mit den Beinen – und versank schneller als ein Bleirohr. Sofort war mir sonnenklar, daß ich sterben würde. Ich würde ertrinken, genau wie mein bester Freund.

Ich sah mich mit letzter Kraft unter Wasser um. Weit hinten in der Ferne entdeckte ich Schneewolkes Beine, die sich im Wasser bewegten. Er würde es schaffen, er würde in Sicherheit sein, und ich würde ertrinken. Was für eine dumme Art zu sterben!

Gleich war es soweit. Ich konnte den Atem nicht mehr länger anhalten.

Irgend jemand packte mich an den Haaren und riß mich hoch, und wie ein Wal schoß ich aus dem Wasser.

Verlorener Hirsch zog mich an den Haaren zu einem Schlauchboot und half mir hinein.

„Schneewolke . . ." keuchte ich.

„Ihm geht es prima, er ist am Strand", sagte Verlorener Hirsch. „Bitte tu so etwas nie wieder, Mama. Ich sah, wie du ins Wasser gerannt bist, und ich schrie: ‚Spring nicht hinein, Mama, du wirst ertrinken', aber du bist trotzdem gesprungen. Bitte, Mama, hör auf, uns retten zu wollen, bevor du dich noch dabei umbringst."

Das war das letzte Mal, daß ich ins Wasser gesprungen bin.

Ich weiß nicht, warum Gott manche Gebete erhört und andere nicht. Ich hielt es für eine gute Idee. Gott hätte mich ruhig drei Minuten lang schwimmen lassen können, um meinen Sohn zu retten. Für ihn wäre das ein Klacks gewesen. Aber ich vermute, in seinen Augen war es gar keine so gute Idee, ins Wasser zu springen.

\*

Zwei meiner Lieblingspersonen in der Bibel sind Thomas und Petrus. Ich kann mit beiden so gut mitempfinden.

Der zweifelnde Thomas mußte zuerst mit eigenen Augen Jesu Wunden sehen, bevor er glauben konnte, und Petrus war manchmal zu schnell in seiner Begeisterung und bekam dann hinterher Zweifel.

Trotzdem – sowohl Thomas als auch Petrus bewiesen eine Menge Mut.

Thomas *wollte* glauben, er wollte nur sichergehen, daß das, was er glaubte, auch wirklich stimmte. In Anbetracht der falschen Propheten, die es damals gab, schien das klug und richtig zu sein.

Petrus war Fischer; er verbrachte sein ganzes Leben in der Nähe des Meeres und wußte ganz sicher, daß Wasser keine Balken hat. Als Jesus ihm gebot zu kommen, stieg er jedoch sofort aus dem Boot und marschierte los. Das Wasser war dunkel und tief, und er hatte bestimmt Angst, aber er ging los. Keiner der anderen Jünger wagte, was Petrus wagte.

Wenn wir nicht in Frage stellen und zweifeln, wie können wir dann wachsen? Wenn unser Glaube zu zerbrechlich ist, um einer näheren Untersuchung standhalten zu können, dann haben wir ihm vielleicht den falschen Stellenwert eingeräumt.

Wenn wir Fragen haben, die Gott nicht beantworten kann, dann ist unser Gott zu klein. Vielleicht zeugt es von größerem Glauben, wenn wir Dinge in Frage stellen, als wenn wir blind glauben.

Genau wie meine Kinder mir Fragen stellen zu Dingen, die sie nicht verstehen, frage ich Gott: „Warum?" „Wann?" und „Wie?"

Er hat immer mehr Antworten, als ich Fragen habe.

Kapitel 8

Freunde fürs Leben

*Ein Freund ist wie ein seltenes Buch, von dem es
nur ein Exemplar gibt.*

„Diese schreckliche Mrs. Campbell hat schon wieder ihren Köter rausgelassen!" Ich rannte über den Hof, um unseren Hund Lucky festzuhalten, bevor Lamar, der Hund der Nachbarin, wieder über den Zaun sprang.

Lamar hatte gerade über den Zaun gesetzt, als ich Lucky in den Stall gesperrt hatte.

Ich jagte Lamar fort und ging zum Telefon.

Ich hatte Mrs. Campbell noch nicht kennengelernt, doch zwischen uns war eine Fehde ausgebrochen, die vermutlich Jahrzehnte andauern und sicher auch noch von unseren Urenkeln fortgesetzt werden würde.

Wir hielten unsere Lucky in unserem Hof, wo sie hingehörte, aber ihr Hund Lamar sprang über den Zaun, grub sich unter dem Zaun durch und zwängte sich zwischen den

Latten hindurch, um zu Lucky zu gelangen. Mindestens fünfmal pro Tag rief ich Mrs. Campbell an und bat sie, etwas wegen ihres Hundes zu unternehmen. Sie war immer sehr höflich, aber ihr Hund lebte praktisch bei uns, und ich wollte nicht, daß unser Hund von ihrem Junge bekam.

„Mrs. Campbell, Lamar war schon wieder hier", sagte ich mit zusammengebissenen Zähnen. „Ich dachte, wir hätten uns darauf verständigt, daß Sie Lamar jeden zweiten Tag im Haus behalten, damit wir Lucky an diesen Tagen hinauslassen können."

„Sie haben recht", stimmte sie zu. „Es tut mir wirklich leid, ich habe es vergessen."

Schon bald wurde deutlich sichtbar, daß Lamar uns alle überlistet hatte. Lucky würde Junge bekommen, und ich war sehr wütend.

Als die sechs Welpen geboren waren, bestand kein Zweifel daran, wer der Vater war. Sie sahen alle genauso aus wie Lamar.

Ich wartete, bis sie entwöhnt waren, dann setzte ich sie in eine Schachtel und marschierte mit ihnen zu Mrs. Campbells Haus.

Ich klopfte an die Tür und drückte ihr die Schachtel mit den fiepsenden Welpen in den Arm.

„Ich glaube, die gehören Ihnen", sagte ich und ging davon.

Jetzt hatte ich dieser schrecklichen Mrs. Campbell eine Lektion erteilt. Und endlich waren wir quitt: Sie hatte eine Schachtel mit wimmernden, fiependen Welpen am Hals. Ha!

Aber warum empfand ich nicht die erwartete Befriedigung?

Zu Hause angekommen, mußte ich mir eingestehen, daß ich kleinmütig, gemein, bösartig und verachtenswert gehandelt hatte. Ich mag es gar nicht, wenn das passiert.

Wieso hatte ich mich noch vor einer Stunde so selbstgerecht gefühlt?

Nun, da ich mich zum Narren gemacht, mich wie eine Hexe verhalten und einer Nachbarin weh getan hatte, konnte ich keinem anderen mehr außer mir selbst die Schuld dafür geben.

Ich mußte versuchen, den Schaden wiedergutzumachen, den ich angerichtet hatte. Aber Mrs. Campbell würde mich vermutlich erschießen, wenn ich es wagte, noch einmal auf ihrer Türschwelle zu erscheinen.

Daran bestand kein Zweifel. Ich war der gemeinste, hassenswerteste und niederträchtigste Mensch auf der Erde.

Ich backte einen Schokoladenkuchen und bestrich ihn gerade mit Zuckerguß, als es an der Tür klopfte.

Es war Mrs. Campbell. Sie war vermutlich gekommen, um mich zu töten.

„Ich wollte mich für die Schwierigkeiten entschuldigen, die ich Ihnen bereitet habe, und Ihnen diesen Auflauf als Friedensgabe bringen", lächelte sie. „Ich habe übrigens alle sechs Welpen gut untergebracht."

„Kommen Sie herein", sagte ich. „Ich habe gerade einen Kuchen für Sie gebacken. Ich wollte nachher zu Ihnen gehen und mich entschuldigen und Sie davon zu überzeugen versuchen, daß ich wohl geistig umnachtet war."

„Ich heiße Phyllis Phyllis", sagte sie. „Und ich stottere nicht. Ich wurde nach meinen beiden Großmüttern genannt."

„Im Ernst – Ihre beiden Großmütter hießen Phyllis?" fragte ich. „Sie heißen tatsächlich Phyllis Phyllis Campbell?"

„Genau. Verrückt, nicht wahr? Aber es ist nun einmal so", antwortete sie.

„Ich heiße Schrei im Wind", stellte ich mich vor.

„Sie machen wohl Witze! Sie heißen wie der Wetterbericht und finden *meinen* Namen seltsam?"

Wir lachten, bis uns die Bäuche schmerzten, dann setzten wir uns hin und aßen zusammen ein Stück Kuchen und etwas von dem Auflauf und unterhielten uns. Ich konnte mich nicht erinnern, jemals so viel gelacht zu haben.

Unsere Kindheit war sehr ähnlich verlaufen, so daß wir uns sofort zueinander hingezogen fühlten. Noch nie hatte ich einen Menschen kennengelernt, mit dem ich so viele Gemeinsamkeiten hatte. Wir waren äußerlich grundverschieden, aber im Herzen wie Zwillinge – eine blonde, blauäugige Frau italienischer Abstammung aus New Jersey und eine schwarzhaarige, braunäugige Frau indianischer Abstammung aus Colorado.

Als Don von der Arbeit nach Hause kam, konnte ich es kaum erwarten, ihm alles zu erzählen.

„Ich habe heute Mrs. Campbell kennengelernt", verkündete ich.

---

*Frühlingssturm*
*in ihrem indianischen Festgewand aus Rehleder*

„Diese schreckliche Mrs. Campbell?" fragte er.

„Wag bloß nicht, sie so zu nennen! Phyllis Phyllis ist die netteste Frau, die ich je kennengelernt habe", sagte ich und holte ihren Auflauf aus dem Ofen. „Ehrlich, Don, du mußt versuchen, ein wenig freundlicher zu den Menschen zu sein."

Er murmelte irgend etwas, was ich nicht verstand. Schließlich wechselte er das Thema.

„Denkst du, du könntest alle diese Gurken irgendwie verarbeiten?" fragte er. „In diesem Jahr gibt es eine Rekordernte. Wir werden Hunderte, wenn nicht Tausende von Gurken ernten."

Als Phyllis Phyllis am nächsten Morgen herüberkam, um die Kuchenplatte zurückzubringen, bemerkte sie die vielen Gurken in der Küche.

„Es wäre eine Schande, wenn alle diese Gurken verderben würden", sagte sie. „Ich habe eine Idee . . . Wir könnten sie doch einlegen. Wir können so viele einmachen, daß ihr das ganze Jahr davon essen könnt."

„Einlegen? Ist das nicht viel Arbeit?" Es war Juli und fast fünfunddreißig Grad draußen. Ich wollte nicht in der heißen Küche stehen und Gurken einmachen. Außerdem hatte ich das schon einmal probiert und eigentlich keine Lust dazu.

„Ich habe ein wundervolles Rezept für Pickles", sagte sie. „Meine Mutter hat es mir gegeben. Ich werde schnell die Zutaten besorgen, dann können wir gleich anfangen."

So ist Phyllis Phyllis. Sie schleicht sich von hinten an, und man dreht sich wie ein Kreisel, bevor man weiß, daß sie einen überhaupt getroffen hat.

An diesem Tag machten Phyllis Phyllis und ich fünfzig Gläser Pickles ein.

„Ich garantiere dir, das sind die besten sauren Gurken, die du je gegessen hast", versprach sie, als wir fünfundzwanzig Gläser in ihrem Keller verstauten. „Meine Mutter hat es nie geschafft, dieses Rezept selbst auszuprobieren, aber sie hat es von meiner Tante bekommen, die es von ihrer Nachbarin hatte und sagte, es sei einfach köstlich."

„Willst du damit sagen, daß wir fünfzig Gläser eingelegte Gurken nach einem Rezept hergestellt haben, das du noch nie ausprobiert hast?" fragte ich.

„Ach, weißt du, wo doch in eurem Garten so viele Gurken wachsen, können wir nächste Woche vielleicht noch einmal fünfzig Gläser einmachen und verkaufen. Damit können wir uns ein wenig Geld nebenbei verdienen", sagte sie.

„Falls das Rezept so gut ist, wie du sagst, könnten wir es sogar an eine große Gesellschaft verkaufen und ein Vermögen machen." Vermutlich hatte ich zu lange Essigdüfte eingeatmet, denn ich dachte schon genauso utopisch wie Phyllis Phyllis. „Wir könnten Millionäre werden."

„Wir könnten die Gurken-Königinnen der Welt werden." Ihre Augen strahlten. „Wir werden unermeßlich reich und teilen alles halbe-halbe auf."

Nachdem sie gegangen war, räumte ich die Küche auf und dachte an die eingelegten Gurken und wie reich wir werden würden. Sie war eine großartige Freundin. Man stelle sich nur vor, sie saß auf einer solchen Goldmine und wollte ihren Reichtum mit mir teilen!

Fünfundzwanzig Gläser mit Gurken standen fein säuberlich auf dem Regal. Unser Vermögen. Unser Stolz. Unsere Zukunft.

Ich konnte es kaum erwarten, bis meine Familie sie probierte. Sie würden so stolz auf mich sein, und Don würde sich maßlos freuen, daß sein Garten nun doch endlich etwas hervorgebracht hatte, das uns reich machen würde.

Beim Abendessen stellte ich ein großes Glas Gurken mitten auf den Tisch. Ich würde alle erst probieren lassen, und nachdem sie sich darüber ausgelassen hatten, wie köstlich sie waren, würde ich ihnen von unserem neuen Geschäft erzählen.

„Igitt! Was ist das denn? Ich glaube, mir wird übel!" würgte Frühlingssturm.

„Das sind die gräßlichsten Gurken, die ich je gegessen habe", sagte Kleine Antilope. „Wo kommen die denn her?"

„Ich glaube, meine Zähne zersetzen sich." Schneewolke trank einen großen Schluck Wasser.

„Die sind aber wirklich ziemlich übel. Müssen irgendwie schlecht geworden sein", meinte Don. „Du solltest sie in das Geschäft zurückbringen und dich beschweren. Vielleicht gibt man dir das Geld zurück."

„Was soll denn mit ihnen sein?" Ich nahm ein Stück Gurke und biß hinein. „Die sind doch . . . uaaah!" Mein Mund zog sich zusammen.

„Manche Leute mögen ja sehr saure saure Gurken", sagte Don. „Stand irgendeine Warnung auf dem Etikett, daß sie extrasupersauer sind?"

„Wenigstens haben wir nur ein Glas davon, das wir loswerden müssen", sagte Schneewolke nichtsahnend.

Ich trank zwei Gläser Wasser und hielt den Mund.

Ich wußte nicht, ob ich Phyllis Phyllis anrufen und sie

warnen sollte, daß wir die schlechtesten Gurken der Welt produziert hatten. Und wenn sie nun absichtlich so sauer waren, weil ihre Familie das mochte? Ich wollte ihre Gefühle nicht verletzen. Ich beschloß, nichts zu sagen und die Gurken morgen stillschweigend verschwinden zu lassen.

Doch so lange brauchte ich gar nicht zu warten. Einige Jungen aus der Gemeinde kamen nach dem Abendessen vorbei und fragten, ob wir der Organisation ,Brot für alle' Nahrungsmittel spenden könnten. Die Gemeinde sammelte häufig Essen und Kleidung für arme Familien.

Ich ging in die Küche und füllte eine Tüte mit Dosen. Als ich den Schrank öffnete, starrte ich auf die eingelegten Gurken. Abgesehen davon, daß sie sehr, sehr sauer waren, waren sie ja ganz in Ordnung.

Nur weil wir sie nicht mochten, bedeutete das nicht, daß niemand sonst sie mögen würde. Ich half den Jungen, eine Tüte mit Dosen und vierundzwanzig Gläser mit eingelegten Gurken zum Wagen zu tragen.

So war allen gedient. Meine Familie brauchte die sauren Gurken nicht zu essen, Phyllis Phyllis' Gefühle wurden nicht verletzt, und irgend jemand würde sich bestimmt über die Gläser freuen.

Am kommenden Sonntag saßen wir alle in der Kirche. Der Pastor verkündete, die Sammlung von Nahrungsmitteln wäre ein großer Erfolg gewesen, und man hätte doppelt soviel Ware zusammenbekommen wie erwartet.

„Es wurden viele Dosen gespendet, und außerdem achtundvierzig Gläser hausgemachte saure Gurken", verkündete der Pastor.

Nanu? Ich hatte doch nur vierundzwanzig Gläser gespendet.

Plötzlich dämmerte es mir, und ich beugte mich vor, um Phyllis Phyllis anzusehen. Sie starrte mich genauso verblüfft an.

Jede von uns hatte fünfundzwanzig Gläser Gurken, und jede von uns hatte ein Glas geöffnet. Und wir beide hatten die restlichen Gläser der Gemeinde gespendet.

Wir begannen zu lachen. Das war der Beginn einer wundervollen Freundschaft. Jeden Dienstag verbrachten wir von da an gemeinsam. Wir gingen einkaufen, arbeiteten zusammen und erlebten Abenteuer und Mißgeschicke.

Sie fuhr mich ins Krankenhaus, als mein Sohn bei einem Autounfall verletzt wurde. Ich saß neben ihr im Krankenhaus, nachdem ihre Tochter sich beim Schlittenfahren das Bein gebrochen hatte.

Wir sind die besten Freundinnen, Freundinnen fürs Leben, und wir stehen uns näher als Schwestern. Wir stehen uns so nahe, daß wir vergangene Weihnachten dasselbe Geschenk füreinander gekauft haben.

Ich wünschte, jeder hätte eine so gute Freundin wie Phyllis Phyllis.

*Liebe macht blind; Freundschaft drückt ein Auge zu.*
Anonym

KAPITEL 9

Der Preis der Liebe

„Meine Murmeln sind weg!" rief ich. Ich hatte fünf Murmeln in einem Glaskrug auf dem Bücherregal stehen gehabt, und jetzt waren sie fort. „Wer hat meine Murmeln?"

„Verlorener Hirsch spielt damit", sagte Kleine Antilope. „Was macht das schon? Es sind doch nur ein paar alte Murmeln."

„Sie sind mehr wert als Gold", erklärte ich Kleine Antilope. „Sie waren ein ganz besonderes Geschenk von einem Freund. Das ist schon lange her."

Wir gingen zu Verlorener Hirsch, der draußen im Sand mit den Murmeln spielte.

„Ich will euch die Geschichte dieser Murmeln erzählen, warum ich sie die ganzen Jahre über aufbewahrt habe, und warum sie mir soviel bedeuten", sagte ich, während die Kinder sich im Gras unter dem Apfelbaum ausstreckten.

„Das Ganze begann an einem heißen Sommertag vor fast einhundert Jahren . . ."

*

Die Sonne von Kansas brannte auf das schweißüberströmte Gesicht des kleinen Jungen, dessen nackte Füße kleine Staubwolken aufwirbelten, während er den Feldweg entlangeilte.

Es war der 10. August 1902, und der fünfjährige Loren Mendall wollte sich eine Braut kaufen.

Seine rechte Hand war tief in der Tasche seines verschlissenen Overalls vergraben, und seine schmutzigen Finger umklammerten fünf Murmeln – zwei blaue, zwei rote und eine braune mit einer Einkerbung.

Loren war ein Waisenjunge und lebte bei einer Familie in der Nähe der Eisenbahnlinie. Das Ehepaar hatte sieben eigene Kinder, und Loren bekam nur die Reste ab. Er war nichts als Haut und Knochen, und die Leute gaben ihm den Spitznamen „Schrotflinte", weil seine Kleider so zerrissen waren, daß sie aussahen, als seien sie von Schrotkugeln durchsiebt worden.

Minnie stand auf der Veranda ihres dreistöckigen viktorianischen Hauses und wartete auf ihn. Ihr schwarzes Haar fiel in Locken auf ihre Schultern, und auf ihren runden, rosa Wangen waren immer Grübchen zu sehen, weil sie so viel lächelte. Als sie Loren entdeckte, winkte sie und rannte ihm entgegen.

„Papa ist im Garten", sagte sie und führte ihn in den Garten.

Loren atmete tief durch und ging zu dem großen, dünnen Mann, der gerade Tomaten pflückte.

Minnies Vater war der Besitzer der Zeitung. Ihm gehörte auch der größte Laden in der Stadt und viele Grundstücke und Häuser. Er war sehr reich und wichtig. Minnie war sein einziges Kind. Minnie konnte alles haben, was sie wollte – und sie wollte Loren, den blonden Jungen mit dem verschmitzten Lächeln, den sie im Park kennengelernt hatte.

„Papa, ich möchte dir Loren vorstellen." Sie hüpfte beinahe vor Aufregung. „Er möchte dir etwas mitteilen."

Mr. Crowder legte seine Tomaten in seinen Korb und drehte sich zu den beiden Kindern um. Da stand seine kostbare Minnie und sah in ihrem weißen Spitzenkleid so hübsch und zerbrechlich aus wie eine Porzellanpuppe, und neben ihr stand ein bemitleidenswerter Junge mit schmutzigen Füßen, halbverhungert und so dreckig, daß er zehn Meter gegen den Wind roch.

„Was möchtest du mir mitteilen?" fragte Mr. Crowder.

„Ich möchte Minnie heiraten und bezahle Ihnen fünf Murmeln für sie", sagte Loren.

Minnies Herz klopfte zum Zerspringen, und ihr wurde schwindelig. Ihre Augen flehten ihren Papa wortlos an, und ihr Kinn begann zu zittern.

„Zeig' mir die Murmeln." Mr. Crowder streckte Loren seine Hand entgegen, und Loren legte sie einzeln in seine Handfläche.

Als er bei der braunen angekommen war, sagte Loren: „Diese hier ist ein bißchen kaputt, aber sie rollt immer noch gut."

„Ich freue mich, einen ehrlichen Menschen kennenzulernen", erwiderte Mr. Crowder und betrachtete sorgfältig die Murmeln. „Das sind sehr schöne Murmeln. Hast du noch mehr?"

„Nein, Sir. Das ist alles, was ich besitze", antwortete Loren mit zitternder Stimme.

„Wenn du bereit bist, mir deinen gesamten Besitz für meine Tochter zu geben, dann ist das genug, denke ich." Er blickte Minnie an. „Was hältst du davon?"

„Ich möchte ihn heiraten, Papa", sagte sie und schüttelte ihre schwarzen Locken.

„Dann ist die Angelegenheit also geregelt. Loren, du kannst meine Tochter heiraten, aber ihre Mama wäre sehr traurig, wenn sie jetzt schon aus dem Haus ginge. Und außerdem braucht sie ein schönes Haus, in dem sie leben kann. Du wartest, bis sie erwachsen ist, und baust ihr ein Haus. Dann sprechen wir über die Hochzeit." Er steckte die Murmeln in seine Tasche und ging in seinen Garten zurück.

Minnie und Loren rannten in den Hof und versteckten sich unter dem Fliederbusch. Sie würden heiraten! Minnies Papa war einverstanden! Sie malten Pläne für ihr Haus in die Erde und benutzten Zweige für die Einrichtung.

An diesem Abend erzählte Mr. Crowder seiner Frau, ihre fünfjährige Minnie hätte einen Heiratsantrag bekommen, und sie lachten beide sehr herzlich darüber. Er legte die Murmeln in die unterste Schublade seines Schreibtischs, und elf Jahre lang blieben sie unberührt darin liegen.

Minnie und Loren blieben trotz der vielen Bemühungen, sie auseinanderzubringen, die besten Freunde. Minnie weigerte sich, ihren Geburtstag zu feiern, wenn Loren nicht eingeladen wurde, und Loren kam ungezählte Male zu ihrem Haus, brachte ihr wilde Blumen, Vogelnester und alles mögliche, was er fand.

Als Minnie dreizehn wurde, sollte sie eine Mädchenschule in St. Louis besuchen. Minnie bekam einen Wutanfall und weinte tagelang.

„Ich kann Loren nicht verlassen", schluchzte sie. „Er bringt mir doch immer Blumen."

„Aber Liebling, du kannst doch alle Blumen bekommen, die du möchtest", tröstete sie ihre Mutter. „Du brauchst sie nur beim Gärtner zu bestellen."

„Du verstehst das nicht", weinte Minnie. „Loren pflückt sie selbst, nur für mich!"

Schließlich befürchtete Mrs. Crowder, Minnies Gesundheit könnte Schaden nehmen, wenn sie weiterhin weinte, und gab die Idee auf, ihre Tochter auf eine private Mädchenschule zu schicken.

Als ihnen klar wurde, daß sie die Schlacht verloren hatten, gab Mr. Crowder Loren einen Job als Laufjunge in seinem Geschäft, und er suchte ein älteres Ehepaar, das ihn aufnahm. Zum ersten Mal in seinem Leben bekam er gutes Essen und anständige Kleidung.

Als Loren sechzehn wurde, machte Mr. Crowder ihn zum Assistenten des Geschäftsführers in seinem Laden. Er erklärte, daß Loren ehrlich zu ihm gewesen war, obwohl er alles hätte verlieren können, was er sich wünschte.

„Einem solchen Jungen kann ich vertrauen", sagte er. „Er weiß nicht, wer seine Eltern sind, aber es müssen gute Menschen gewesen sein, weil ich nie einen ehrlicheren Jungen kennengelernt habe."

Loren hatte nun einen Job und warb offiziell um Minnie.

Am 30. Juni 1914 heirateten die beiden. Minnies Hochzeitskleid war das eleganteste, das die Leute je gesehen hatten. Es kam aus New York und hatte eine vier Meter lange Schleppe.

Elegant schritt Minnie durch die Kirche. In der Hand

hielt sie ihren Brautstrauß aus rosa Rosen. In dem Strauß befand sich eine kleine Satintasche mit den fünf Murmeln, die Loren ihrem Vater zwölf Jahre zuvor als Brautpreis gegeben hatte.

Minnie und Loren hatten drei Söhne, zwei Töchter, einundzwanzig Enkelkinder und vier Urenkel. Sie waren einundsechzig Jahre miteinander verheiratet. Die Murmeln standen die ganzen Jahre in einem Kristallgefäß auf ihrem Kaminsims.

In der Mendall-Familie wurde es dann zur Tradition, daß die Männer den Frauen, die sie liebten, fünf Murmeln schenkten. Das war ein Versprechen, daß sie bereit waren, alles für die geliebte Frau hinzugeben, was sie besaßen.

Acht Bräute haben seither einen Brautstrauß getragen, der ein kleines Täschchen mit fünf Murmeln enthielt, zwei blaue, zwei rote und eine braune mit einer Kerbe.

*

Die Kinder schwiegen eine Zeitlang und dachten über die Geschichte nach.

„Aber Mama, wie hast du denn diese Murmeln bekommen?" fragte Verlorener Hirsch, als er mir die Murmeln in die Hand legte.

„Vor langer Zeit hat ein Junge sie mir geschenkt. Er war der Ururenkel von Loren Mendall", sagte ich. „Wir waren sehr jung und liebten uns so, wie Kinder sich lieben. Wir versprachen uns zu heiraten, wenn wir erwachsen waren."

„Was ist aus ihm geworden?" fragte Frühlingssturm.

„Er ist gestorben", erklärte ich. Doch ich brachte kein weiteres Wort mehr heraus.

Ich hielt die Murmeln in der Hand und erinnerte mich an den Tag, an dem ein kleiner Junge mir seinen gesamten Besitz geschenkt hatte, und einen kurzen Augenblick lang fragte ich mich, was wohl passiert wäre, wenn er nicht im Alter von sechs Jahren ertrunken wäre.

KAPITEL 10

Eltern

*Das Bedürfnis nach elterlicher Liebe
ist meine größte Versuchung gewesen*

Edgar Allen Poe, 1809–1849

„Nie wieder!" Das waren die ersten Worte, die ich auf dieser Welt hörte. Meine Mutter sprach sie im Augenblick meiner Geburt. Sie sagte zu Shima Sani, meiner Großmutter, zwei Dinge auf dieser Welt würde sie verabscheuen: Kinder und Hunde. Aber wenn sie wählen müßte, würde sie lieber einen Hund haben als noch ein Kind.

Großmutter beruhigte sie und sagte, eine junge Mutter würde ihr Baby manchmal zuerst wegen der Schmerzen nicht mögen, die es ihr bei der Geburt bereitet hatte, doch wenn sie gelernt hätte, das Baby zu lieben, wäre der Schmerz schnell vergessen. Großmutter wartete und beobachtete, aber meine Mutter weigerte sich, mich in den Arm zu nehmen – schlimmer noch, sie wollte mich nicht einmal stillen. Ihre Brust war prall gefüllt, und sie schrie vor Schmerzen, doch sie weigerte sich trotzdem, mich trinken zu lassen. Großmutter mischte Kaffee mit Zucker und Sahne und tröpfelte das Gemisch löffelweise in meinen Mund.

Meine Onkel Flint und Cloud, die selbst noch Kinder waren, wechselten sich darin ab, mich zu halten und mir etwas zu trinken einzuflößen. Manchmal rieben sie mir Schinkenfett auf die Zunge, wenn ich vor Hunger schrie.

Eines Abends wickelte mich meine Mutter in eine Decke und nahm mich zum ersten Mal hoch. Großmutter nickte zustimmend mit dem Kopf. Jetzt würde alles in Ordnung kommen, dachte sie. Ohne ein Wort zu sagen ging meine Mutter nach draußen und verschwand auf einem Feldweg. Großmutter sah aus dem Fenster, doch meine Mutter war schon nicht mehr zu sehen.

Plötzlich wurde meine Großmutter von Angstgefühlen überwältigt. Sie schickte meinen Onkel Flint zu den Nachbarn. Er sollte Hilfe holen. Sie und Cloud eilten zu dem einzigen Platz, wo sie hofften, meine Mutter zu finden: zum Fluß.

Der Fluß war dunkel und tief. Seine tückischen Strömungen zogen die Leute nach unten und hielten sie da fest, bis sie keine Luft mehr bekamen. Keiner schwamm in diesem Fluß, keine Tiere gingen hinein. Mehr als ein Angler, der zu dicht an seinem Ufer gestanden und in das brodelnde Wasser hineingerutscht war, wurde fortgeschwemmt und heruntergezogen. Ihre Leichen fand man dann erst Tage später, wenn sie viele Meilen weiter unten an Sandbänken angeschwemmt wurden . . . falls sie überhaupt jemals gefunden wurden.

Als Großmutter und Cloud meine Mutter entdeckten, begannen sie zu rufen. Großmutter rannte so schnell sie konnte, doch Cloud hatte sie bereits überholt.

Meine Mutter stand am Flußufer und hielt mich im Arm. Sie rührte sich nicht, stand einfach nur da und starrte in das reißende Wasser.

Großmutter war außer Atem, als sie bei meiner Mutter ankam.

„Wir werden zusammen sterben", sagte meine Mutter. „Ich werde hineinspringen, und wir beide werden ertrinken. Dann wird er jeden Morgen in dem Wissen aufwachen, daß er den Tod seiner Frau und seiner Tochter verschuldet hat, und es wird ihm leid tun, daß er mich verlassen hat." Sie sprach von ihrem Mann und meinem Vater, der sie verlassen hatte, als er erfuhr, daß sie schwanger war.

„Bring dich um, wenn du willst, aber gib mir das Kind." Großmutter riß mich aus den Armen meiner Mutter.

Meine Mutter stand am Flußufer und schwankte hin und her zwischen der Entscheidung für das Leben oder den Tod.

Großmutter drehte sich um und machte sich auf den Heimweg. Sie hielt mich im Arm und sah nicht zurück. Dann kam unser Nachbar mit Flint. Er packte meine Mutter am Arm und zog sie vom Wasser fort.

Eine Stunde später packte meine Mutter wortlos ihre Sachen zusammen und lud sie auf den Lastwagen des Nachbarn. Er fuhr sie zur Bushaltestelle, und ich habe sie nie wiedergesehen. Sie hat sich nicht einmal von mir verabschiedet.

Als ich vier Jahre alt war, wußte ich, daß ich der nicht

gewollte Sprößling zweier Menschen war, die sich haßten, und daß meine Ankunft in der Welt großes Unglück verursacht hat.

Mein Onkel neckte mich oft und machte mich für alles Schlimme verantwortlich. Wenn es regnete, war es meine Schuld. Wenn ein Haustier starb, war ich daran schuld. Man erzählte mir, der Zweite Weltkrieg sei meine Schuld. Kein Land der Welt wolle mich haben, darum kämpften sie miteinander, und der Verlierer müßte mich nehmen.

Ich wuchs auf voller Schuldgefühle wegen Dinge, für die ich nichts konnte, und die Worte „Es tut mir leid" kamen beinahe so häufig aus meinem Mund wie mein Atem.

Ich sehnte mich nach meinen Eltern. Ich schnitt Bilder aus Büchern aus und tat so, als wären die darauf abgebildeten Leute meine Mutter und mein Vater. Ich trug sie mit mir herum, bis sie zerknittert und zerrissen waren, dann suchte ich nach einem Bild von neuen Eltern. Es war mir egal, welches Alter oder welche Nationalität sie hatten; wenn sie nur nett aussahen und lächelten, adoptierte ich sie für eine Weile.

Bei der Geburt meiner eigenen Kinder achtete ich darauf, daß die ersten Worte, die sie auf dieser Welt hörten, waren: „Ich liebe dich. Willkommen in unserer Familie. Ich danke Gott für dieses wundervolle Baby!"

Als meine Kinder anfingen zu fragen, warum sie keine Großeltern hätten wie ihre Freunde, machte ich mich auf die Suche nach meinen Eltern. Es war ein schwieriges Unterfangen, aber schließlich hatte ich Erfolg. Ich war so froh, als ich sie endlich ausfindig gemacht hatte! Ich schrieb ihnen einen Brief, stellte mich ihnen vor und schickte Fotos von mir und meinen Kindern. Sie beantworteten tatsächlich einige meiner Briefe, doch als ich einen Besuch plante, baten sie mich, nicht zu kommen. Beide wollten die Vergangenheit vergessen. Ich war „die Vergangenheit".

Ich schrieb noch ein paar Mal, doch sie beantworteten meine Briefe nicht mehr. Ich versuchte alles, was in meiner Macht stand, um ihnen näherzukommen, doch ich schaffte es nicht.

Es war, als hätte ich jahrelang einen Eimer genommen und sei mit ihm zum Brunnen gegangen. Der Brunnen war schon immer ausgetrocknet gewesen, und ich hatte in meinem ganzen Leben noch nicht einen einzigen Tropfen Wasser herausholen können. Doch jeden Tag aufs neue nahm ich meinen Eimer und ging zu dem Brunnen in der Hoffnung, Erwartung, Wasser zu finden.

Jeden Tag ließ ich meinen Eimer herunter, und wenn ich feststellte, daß er wieder leer war, weinte ich, wurde zornig und fühlte mich verletzt, und ich ging nach Hause und haßte den Brunnen, weil er meinen Eimer nicht gefüllt und mir gegeben hatte, was ich wollte und brauchte.

Und endlich wurde mir klar, daß nicht der Brunnen daran schuld war, sondern ich selbst. Der Brunnen konnte nichts dafür, daß er ausgetrocknet war. Menschen können nicht geben, was sie nicht haben, aber ich konnte aufhören, Tag für Tag zu einem ausgetrockneten Brunnen zu laufen.

Meine Eltern haben mich nie geliebt und werden mich nie lieben. Ich kann nichts daran ändern. Manchmal ist es das beste und tapferste, aufzugeben und die Dinge ruhen zu lassen.

In Gottes Augen bin ich kein Unfall oder ein Fehler. Nie gehe ich mit einem leeren Eimer von Gott fort, immer füllt er meine Leere und umgibt mich mit seiner Liebe.

Kapitel 11

„Mama, ich muß dir etwas sagen . . ."


Jeden Tag mache ich mit jedem meiner Kinder einen Spaziergang von einer Viertelstunde. Wir tun das schon seit Jahren. Anfangs, als sie noch klein waren, wurden ihre kurzen Beine oft müde, und ich mußte sie nach Hause tragen. Jetzt könnten sie alle *mich* vermutlich nach Hause tragen.

Sobald das Abendessen beendet ist, wird nur das Essen weggeräumt. Das Geschirr kann warten. Frühlingssturm und ich machen uns auf den Weg.

Wir gehen in das kleine Tannenwäldchen hinter unserem Haus, setzen uns auf eine Bank und reden über den Tag oder auch über gar nichts. Manchmal gehen wir bis zum Teich und lassen Steine über die Oberfläche hüpfen oder füttern die Enten mit Brotkrumen.

Frühlingssturm besitzt eine innere Heiterkeit, die ihre Umwelt erhellt. Sie ist so elegant und anmutig wie ein Schwan, aber immer die erste, eine Höhle zu erkunden, auf Bäume zu klettern oder mit ihren Brüdern zusammen Eidechsen zu fangen.

Auf dem Rückweg kommen wir oft an einer Ruine vorbei. Das sind die Überreste eines Hauses, das 1910 gebaut worden war. Frühlingssturm und ich haben in der Ruine einen Blumengarten angelegt. Die Steinmauern, die einst die verschiedenen Zimmer voneinander abgeteilt haben, sind nun die Abgrenzungen zwischen Iris, Männertreu, Osterglocken und Stiefmütterchen. Im Frühling blühen die Krokusse dort. Zwei Fliederbüsche, die vor langer Zeit gepflanzt wurden, bringen noch immer üppige lila Dolden hervor.

Manchmal, wenn wir unseren „Garten" umgraben, finden wir Murmeln, Spielzeugteile oder zerbrochenes Porzellan, das der Familie gehörte, die vor langer Zeit hier gewohnt hat. Wir lassen es liegen, weil wir uns vorstellen, diese Familie sei noch irgendwo in der Nähe.

Als nächstes gehen Schneewolke und ich los. Er ist abenteuerlustiger und läuft am liebsten zu dem ausgetrockneten Flußbett hinunter. Wir klettern über umgefallene Baumstämme, und manchmal schwingt er sich wie Tarzan von Ast zu Ast. Er unterhält sich gern über das, was in der Welt vorgeht, und da er besser informiert ist als ich, weiß ich, wenn wir nach Hause zurückkehren, immer mehr als vorher. Schneewolke kennt alle Pflanzen und findet Blumen, die so klein sind, daß meiner Meinung nach nur Ameisen von ihrer Existenz wissen können. Seine sanfte Art mit Lebewesen ist eine besondere Gabe, und Pflanzen und Tiere gedeihen unter seiner Pflege.

Danach ziehe ich mit Verlorener Hirsch los. Er kann seine Umgebung nie so lassen, wie er sie vorfindet. Auf jedem Spaziergang muß er etwas „in Ordnung bringen". Er verschiebt einen Stein, zupft ein Unkraut aus, richtet eine Blume auf. Er hinterläßt die Dinge immer besser, als er sie vorgefunden hat, und er hat immer eine lustige Geschichte zu erzählen. Man kann keine fünf Minuten mit ihm zusammensein, ohne herzlich lachen zu müssen. In Verlorener Hirschs Nähe kann man nicht traurig oder besorgt sein; er ist wie eine leuchtende Sonne, die vor Fröhlichkeit und Lebensfreude fast zerspringt. Jede Minute jeden Tages ist für ihn ein aufregendes Abenteuer und ein Fest.

Zuletzt gehe ich mit Kleine Antilope. Die Sonne ist dann meist schon untergegangen, und die Eulen und Uhus beginnen ihre nächtliche Unterhaltung.

Kleine Antilope ist der Ruhige, Nachdenkliche in unserer Familie. Da er bereits mit vier Jahren lesen gelernt hat und sich zu Weihnachten immer Bücher wünscht, sieht sein Zimmer aus wie eine Bibliothek. Unsere Spaziergänge schätze ich besonders, weil er bereits fast erwachsen ist. Er wird bald fortgehen, und dann werden wir keine Spaziergänge mehr zusammen machen können.

Dies ist immer eine gute Zeit, um allein, fern vom Rest der Familie, fern von der Aktivität und dem Lärm des Hauses, über Probleme zu sprechen. Es tut gut, am Ende des Tages mit jedem Kind eine bestimmte Zeit allein zu verbringen. Wind, Regen oder Schnee haben uns nie davon abgehalten, wenn auch unsere gemeinsame Zeit dann manchmal ein wenig verkürzt war.

\*

Einige Spaziergänge waren etwas ganz Besonderes und werden uns immer in Erinnerung bleiben. Die meisten waren nur eine angenehme Unterbrechung des Tages. Einige verliefen auch unglaublich schmerzlich.

„Mama, ich muß dir etwas sagen", begann Kleine Antilope eines Tages und setzte sich auf die Schaukel an einer 100jährigen Eiche.

„Ich höre."

Ich sah zu, wie er langsam hin- und herschaukelte. Die Schaukel hing bereits seit zehn Jahren dort. Er war sieben Jahre alt gewesen, als sein Vater auf den dicken Ast geklettert und die Seile daran befestigt hatte.

„Ich möchte meinen indianischen Namen ablegen. Ich möchte jetzt nur noch Aaron genannt werden, nicht mehr Kleine Antilope", sagte er.

„In Ordnung." Ich war froh, daß meine Stimme ruhig blieb. „Wir haben euch ja sowohl indianische als auch nichtindianische Namen gegeben, damit ihr wählen könnt."

„Ich bin zu alt, um noch Kleine Antilope genannt zu werden. Ich bin doch fast erwachsen. Die meisten unserer indianischen Freunde haben ihre Stammesnamen bereits vor Jahren abgelegt", fuhr er fort. „Ich möchte ein neues Leben beginnen."

„Das ist okay. Es wird eine Weile dauern, bis ich mich daran gewöhnt habe, dich Aaron zu nennen, aber ich werde es schaffen", stimmte ich zu.

---

*Frühlingssturm, Kleine Antilope, Schneewolke und Verlorener Hirsch (v. l.) vor ihrem Tipi im Garten beim „Cowboy-und-Indianer"-Spielen*

„Mama, das ist nicht nur mein Wunsch." Er sah zum Himmel hoch. „Die anderen wollen ebenfalls ihre indianischen Namen ablegen. Er macht das Leben zu kompliziert."

„Sie haben mir nichts davon gesagt", entgegnete ich.

„Sie haben mich gebeten, es für sie zu tun", erklärte er.

Sie hatten also Angst, mich zu verletzen, darum ließen sie Kleine Antilope, nein, Aaron, die ‚Schmutzarbeit' für sie erledigen.

„Dann sag ihnen, daß es in Ordnung ist. Ich verstehe euch. Ich hatte auch Schwierigkeiten, mich als Schrei im Wind in einer Welt von ‚Jennifers' und ‚Marys' zu behaupten."

„Als Kind war es in Ordnung, ein Indianer zu sein, aber nun ist das anders. Wenn ich ein Vollblutindianer wäre, würde ich mich an die Traditionen halten, doch ich bin halb Weißer, halb Indianer, und Mama, seien wir doch mal ehrlich – es ist leichter, ein Weißer zu sein. Ich schäme mich meiner Herkunft wirklich nicht." Er schüttelte den Kopf. „Bitte versuch zu verstehen. Ich bin froh, daß du uns die indianischen Bräuche gelehrt hast, aber jetzt möchte ich andere Wege gehen."

Ich nickte. Ich verstand ihn tatsächlich.

„Wir werden dich Aaron und die anderen beiden Shane und Trent nennen", sagte ich. „Wie möchte Frühlingssturm genannt werden, da sie nur einen Namen hat?"

„Sie ist im Augenblick mit ihrem Namen noch zufrieden. Aber vielleicht möchte sie ihn später noch ändern", erklärte Aaron.

Ich hatte gelogen. Als die Kinder klein waren, hatte ich ihnen gesagt, sie könnten später zwischen der indianischen Lebensweise oder der ihres Vaters entscheiden. Ich hatte gedacht, ich hätte es ernst gemeint, aber ich hatte gelogen. Ich *wollte*, daß sie sich für die indianische Lebensweise entschieden. Ich hatte unser Haus mit indianischen Artefakten gefüllt, mit indianischer Kunst und Musik, und ich hatte indianisches Essen gekocht. Ich war nicht fair gewesen.

Als die Kinder noch klein waren, gefiel ihnen die indianische Lebensweise. Sie hatten soviel Freiheit und Spaß. Doch als sie älter wurden, wurden sie ihrer indianischen Herkunft überdrüssig. Andere Wege sahen vielversprechender aus.

Nein, ich würde sie nicht zwingen. Jahrelang hatte ich meinen eigenen kleinen Stamm gehabt, doch nun wollten sie nicht mehr länger ‚Cowboy und Indianer' spielen.

Büffelfleisch war nicht so gut wie Pizza, Geschichten unter dem Sternenhimmel konnten mit dem Fernsehen nicht konkurrieren, und Stammeszusammenkünfte waren langweilig, denn immerhin waren die meisten Leute dort alt. Das stimmte, einige der Indianer waren einhundert Jahre und noch älter. Ihre Eltern hatten vielleicht noch am Little Big Horn gegen General Custer gekämpft oder Büffel auf der großen Ebene erlegt. Sie verfügten über ein Jahrhundert an Weisheit, die bald für immer verloren sein würde . . . aber für Teenager waren sie eben nur alte Leute.

Die alten Indianer gingen zu den Stammeszusammenkünften und machten nur den Kürbistanz mit, weil es der einzige war, der so langsam getanzt wurde, daß sie mithalten konnten. Sie tanzten einmal, dann saßen sie in ihre Decken oder Schals gehüllt den restlichen Abend vor dem Lagerfeuer und sahen den jungen Leuten zu, die mit

Federn geschmückt zu den Trommeln tanzten und markerschütternde Schreie ausstießen. Sie erinnerten sich dann an ihre Jugend und wie sie getanzt hatten und wie ihre Großeltern die Kriegstänze vollführt hatten. Doch für sie war das Realität gewesen. Sie waren die letzten der richtigen Indianer.

Meine Kinder hatten sich entschieden, und ich fühlte mich ein wenig verletzt, weil sie nicht meine Lebensart gewählt hatten. Doch sie waren gläubige Christen, gute Menschen, liebenswerte Kinder – wie konnte ich mich da beklagen, weil sie nicht in der Vergangenheit leben wollten.

„Hast du noch mehr auf dem Herzen?" fragte ich.

„Vielleicht eines noch." Seine Stimme war so leise, daß ich näher an ihn herantreten mußte, um ihn zu verstehen.

„Ein Lehrer in der Schule hat gesagt, ich sollte zum College gehen. Er sagte, ich hätte in den vier Jahren Highschool immer so gute Noten bekommen, daß ich ein gutes College besuchen könnte. Mama, ich hasse das Landleben. Ich habe es satt, Holz zu hacken, Heu zu machen und die Tiere zu versorgen." Leise fuhr Aaron fort: „Ich möchte zum College gehen."

Keiner aus unserer Familie hat jemals ein College besucht, aber Aaron ist schon immer anders gewesen. Schon mit acht Jahren hatte er sich eine Aktentasche gewünscht. Während andere Kinder zum Fernseher rasten, wenn die Zeichentrickfilme begannen, eilte er zur Mattscheibe, wenn die Finanznachrichten begannen.

Soweit ich denken kann, hat unsere Familie immer Land- und Viehwirtschaft betrieben. Keiner hat je einen Schreibtischberuf erlernt oder ausgeübt. Die meisten haben nicht einmal die Highschool abgeschlossen. Nie wäre mir in den Sinn gekommen, daß meine Kinder den Wunsch haben könnten, das College zu besuchen. Dies schien mir eine ganz andere Welt zu sein, die nicht für Leute wie uns bestimmt war.

„Du mußt tun, was du für richtig hältst", sagte ich. „Und wir stehen hundertprozentig hinter dir. Du wirst in allem, was du tust, großartig sein."

„Der Lehrer sagte, ich könnte vielleicht ein Stipendium bekommen, aber auch das deckt nur die Hälfte der Studiengebühren, und das College kostet eine Menge Geld, mehr als wir haben."

„Mach dir ums Geld keine Gedanken", beruhigte ich ihn. „Du darfst nie zulassen, daß Geld deine Entscheidungen beeinflußt."

Aaron lachte. Er wußte genausogut wie ich, daß es in finanzieller Hinsicht ein verheerendes Jahr gewesen war. Manchmal hatten wir wochenlang nichts anderes als gebackene Käsesandwiches gegessen.

Aaron, mein erstes Kind, war also tatsächlich siebzehn Jahre alt und wollte zum College gehen. Ich wollte, daß er klein blieb, aber ich konnte die Zeit nicht zurückdrehen.

„Schreibe dich ruhig ein und tu, was getan werden muß. Du wirst zum College gehen", sagte ich.

Wir kehrten zum Haus zurück, das mir bereits jetzt schon seltsam leer erschien. Aaron ging neben mir her, doch seine Gedanken waren beim College. Mein Erstgeborener würde das Haus verlassen, und ich unterdrückte nur mühsam die Tränen. Bei jedem Schritt flüsterte es in mir: „Er wird fortgehen. Er wird sein Zuhause verlassen. Ich werde meinen Sohn verlieren, meinen Erstgeborenen."

Ich erzählte Don, was Aaron gesagt hatte. „Na ja, keiner von ihnen ist so aufgewachsen, daß er später einmal Cowboy oder Indianer wird", lächelte Don.

Ich schüttelte den Kopf, weil ich Angst hatte zu weinen, wenn ich versuchte zu sprechen.

„Weißt du noch, wie wir stundenlang darüber gesprochen haben, daß wir den Kindern die indianische Lebensweise nahebringen und sie die Landwirtschaft lehren wollten, damit sie eines Tages in meine Fußstapfen treten? Sie sind keinem von uns beiden nachgeschlagen, und vermutlich werden alle zum College gehen und in der Stadt leben. Ich frage mich, was wir falsch gemacht haben", lachte er.

„Nichts." Endlich fand ich meine Stimme wieder. „Wir haben etwas richtig gemacht: Wir haben ihnen beigebracht, selbständig zu denken und stark zu sein, und genau das tun sie."

„Ich fühle mich so alt wie ein Dinosaurier", meinte Don.

„Ich weiß, aber wir können uns glücklich schätzen. Du warst Cowboy und hast in Neu-Mexiko Viehherden zusammengetrieben, während des Vietnamkrieges warst du bei der Marine und hast danach dein Glück auf den Ölfeldern Alaskas gesucht, du hast auf Krabbenfängern in der Nordsee gearbeitet und viele Abenteuer erlebt. Und auch ich habe meine Abenteuer erlebt und Dinge getan, von denen andere Leute nur träumen. Jetzt ist es an der Zeit, daß unsere Kinder ihre eigenen Abenteuer erleben."

Keines von unseren Kindern hatte sich für die indianische Lebensart entschieden. Sie sprechen die Sprache nicht und kennen keine indianischen Lieder. Meine Tochter möchte keine Perlenstickerei erlernen und sich kein traditionelles Wildlederkleid machen.

Vor langer Zeit, als sie klein waren, gingen unsere Kinder mit zu den Stammeszusammenkünften und tanzten bei Vollmond den Kürbistanz. Sie sprangen zu den Klängen der Trommeln um das Lagerfeuer. Sie spielten in unserem Wigwam.

Die Vergangenheit schwand Stück für Stück wie im Herbst die Blätter von einem Baum.

„Ich will sie nicht verlieren." Ich legte meine Arme um Don und weinte an seiner Brust. „Ich will nicht."

Ich ging wieder nach draußen und wanderte allein im Hof umher.

Das alte Wigwam auf der Wiese sah genauso traurig aus, wie mir zumute war. Es war zerrissen, und nun flatterten die Stücke im Wind wie die grauen Haare auf dem Kopf einer alten Frau.

Die Zeichnungen von Bären und Rehen waren so verblaßt, daß ich sie kaum noch erkennen konnte. Ich erinnerte mich, wie das Wigwam ausgesehen hatte, als es noch neu gewesen war. Der Stoff war sauber und weiß gewesen, die Zeichnungen in kräftigem Rot und Blau gehalten. Es war ein wunderhübsches Zelt gewesen. Wir hatten so oft darin gesessen, und ich hatte den Kindern die Legenden unserer Vorfahren erzählt. Wir schliefen auf Navajo-Decken, aßen Büffelfleisch und indianisches Brot, das wir über dem Lagerfeuer gebacken hatten.

Unzählige Nachbarskinder hatten in dem Wigwam gespielt. Vom Eingang aus hatte ich Schnee, Sterne und Sonnenuntergänge betrachtet und zugesehen, wie meine Kinder größer wurden. Die Jahreszeiten waren gekommen und gegangen. Jetzt war das Wigwam alt und zerschlissen. Die Nachbarskinder, die darin gespielt hatten, waren lange fort. Meine Kinder gingen daran vorbei, ohne es überhaupt wahrzunehmen. Es hatte so lange hier gestanden, daß es für alle anderen außer mir unsichtbar geworden war.

Es war zerrissen, mitleiderregend, alt und müde.

Ich machte ein kleines Lagerfeuer vor dem Wigwam, setzte mich in das Tipi und sah zu, wie der Mond über den Hügeln aufging.

Leise sang ich ein Lied, das älter war als die Zeit, und als ich zu traurig wurde, um es noch länger zu ertragen, trat ich nach draußen und fuhr mit der Hand über die Zeichnungen der Bären und Hirsche. Ein letztes Mal ging ich um das Wigwam herum, dann zog ich ein brennendes Stöckchen aus dem Feuer und hielt es an den Zeltstoff.

Das Feuer kroch daran hoch, und in wenigen Minuten stand das Wigwam in Flammen. Das Feuer überdeckte die Löcher und die verblaßten Bilder, und ein paar Sekunden lang sah es strahlend und neu aus, dann sackte es in einem Funkenregen in sich zusammen, daß die Funken in den Himmel schossen und sich zu den Sternen gesellten.

Ich stand da, bis von meinem einst so schönen Zelt nur noch Asche übrig war.

Dann wischte ich mir die Tränen von den Wangen und ging zum Haus zurück. Aaron stand im Schatten der Eiche

---

*Schrei im Wind in indianischer Tracht vor ihrem Tipi*

und wartete auf mich, ich weiß nicht wie lange schon. Er sagte kein Wort, ging einfach nur neben mir her.

Es gab nichts, was wir hätten sagen können.

\*

Zwei Wochen vergingen wie im Flug. Papiere mußten ausgefüllt, Briefe geschrieben und Telefonanrufe getätigt werden. Aaron machte seinen Abschluß an der Highschool. Gestern erst war er in den Kindergarten gekommen, so schien es mir, und der Schmerz in meinem Herzen war derselbe, wie zwei nur Sekunden auseinanderliegende Messerstiche; in Wirklichkeit lagen jedoch Jahre dazwischen.

Ich wußte, mir blieb keine Zeit mehr, und Aaron brauchte das Geld für das College jetzt sofort.

Nie hätte ich mir träumen lassen, daß der Collegebesuch so teuer war. Aaron hätte ein Studentendarlehen aufnehmen können, doch ich wollte nicht, daß er sein eigenständiges Leben mit einer Schuldenlast auf dem Rücken begann.

Ich besaß nur ein wertvolles Teil, und das war mein indianisches Feierkleid mit dem dazugehörigen in Silber gefaßten Türkisschmuck.

Ich hatte beinahe ein ganzes Jahr gebraucht, das Kleid aus vier Rehhäuten zu nähen. Es war so weich wie ein Blütenblatt, und die Fransen waren so schmal wie Tannennadeln. Vom Fransenschneiden hatte ich damals Blasen an den Händen bekommen. Aus sechzehn Pfund farbigen Glasperlen hatte ich ein Muster gestickt, in dem die vier Symbole der Namen meiner Kinder enthalten waren.

Das Kleid hatte ich zu Stammesfeiern und Zeremonien

getragen, und es gehörte zu mir wie mein Name oder mein Schatten. Ich nahm das Kleid und hielt es an meine Wange, roch ein letztes Mal an dem weichen Leder.

Ich legte das Kleid fort und nahm meinen Schmuck zur Hand – eine silberne Türkiskette in Form von Kürbisblüten, einige Türkisringe und ein paar Armreifen. Jedes einzelne Stück barg zahllose Erinnerungen. Dies waren Dinge, die eine indianische Frau normalerweise ihr ganzes Leben lang behielt und schließlich an ihre älteste Tochter weitergab. Das war nicht nur ein einfaches Baumwollkleid, das in einem Geschäft von der Stange gekauft und ein paar Monate getragen worden war, bevor es ausrangiert wurde. Dieses Kleid war wie ein Tagebuch meines Lebens. Die meisten Schmuckstücke besaß ich schon seit meinem fünften Lebensjahr, bevor ich Don kennenlernte und die Kinder bekam.

Ich legte das Kleid und den Schmuck schweren Herzens in einen Koffer.

Weiße Taube besaß einen Handelsposten und hatte schon früher ein paar Perlenstickereien von mir gekauft. Ich wußte, sie würde mir das Kleid und den Schmuck abnehmen. Es war der einzige Weg, um das Geld für Aarons College zu besorgen.

Weiße Taube wußte, wie schwer es mir fiel, dieses Stück meiner Vergangenheit zu verkaufen, aber sie wußte auch, daß es für eine gute Sache war. Sie machte mir einen fairen Preis.

Auf dem Heimweg weinte ich. Immer wieder sagte ich mir: „Es ist doch nur ein Kleid; ich kann mir jederzeit ein neues machen", aber ich wußte, das stimmte nicht. Es war mehr als ein Kleid, und nie würde ich mir ein neues machen. Ich hatte meine Vergangenheit für die Zukunft meines Sohnes verkauft.

Zwei Wochen, nachdem Aaron die Highschool beendet hatte, verließ er sein Zuhause, um zum College zu gehen.

Noch nie habe ich ihn so glücklich gesehen.

## Kapitel 12

# Wenn man in die Jahre kommt . . .

*Ich kann die alten Lieder nicht singen,
die ich vor so langer Zeit gesungen habe,
denn Herz und Stimme würden mir versagen,
und dumme Tränen würden fließen.*

Claribel 1840–1869

Ich hielt Shanes Abschlußzeugnis in der Hand und las unter Tränen den darauf abgedruckten Namen:
„Shane Travis Verlorener Hirsch Stafford."
Es war ein besonderes Geschenk an mich, daß Shane seinen indianischen Namen auf sein Abschlußzeugnis hatte setzen lassen. Ich wußte, daß er den Namen „Verlorener Hirsch" vermutlich zum letzten Mal benutzt hatte.
Zwei Wochen später, im Alter von siebzehn Jahren, trat Shane wie Aaron genau ein Jahr zuvor in dasselbe College ein. Zwei meiner Söhne lebten nun nicht mehr zu Hause.

Die Zeit zerrann zwischen meinen Fingern wie Wasser, und das machte mich traurig.

Nie hätte ich erwartet, einmal vierzig zu werden. Das schien mir immer so weit in der Zukunft zu liegen – aber eines Tages, zwischen Abendessen kochen und Wäsche waschen, wurde ich einfach so vierzig.

Vierzig Jahre alt zu werden schien mir keine große Sache zu sein, bis es mir selbst passierte. Ich war nicht alt, aber ich war auch nicht mehr jung. Ich war in einem sehr seltsamen Alter dazwischen.

Noch vor gar nicht allzu langer Zeit starben die meisten Frauen, bevor sie die Vierzig erreichten. Kindbettfieber, Krankheiten und pure Erschöpfung rafften sie häufig bereits in den Zwanzigern und Dreißigern dahin.

Manchmal hatte ich den Eindruck, als hätte ich bereits sehr lange gelebt. Manchmal dagegen schien es mir, als sei ich gestern noch ein Kind gewesen. Wenn ich tatsächlich jetzt erst die Lebensmitte erreicht hatte, lagen noch einmal vierzig Jahre vor mir. Ich wollte sie nicht vergeuden, aber irgendwie wußte ich nicht, was ich aus dem noch vor mir liegenden Leben machen sollte.

*

Phyllis Phyllis war sehr mitfühlend und verständnisvoll und richtete mir ein „Jetzt-bist-du-einen-Schritt-näher-am-Grab"-Fest aus, mit schwarzer Dekoration und einem Kuchen in der Form eines Grabsteins. Sie fragte mich, was ich mir wünschte.

„Ich möchte wieder ein junges Mädchen sein und so frei wie der Wind auf meinem Pferd dahinreiten."

Phyllis Phyllis lieh sich zwei Pferde von einem Freund, und wir ritten aus. Wir galoppierten über die Hügel, setzten über Bäche hinweg und trabten stundenlang die Waldwege entlang. Es war herrlich, die Sonne auf meinem Rücken zu spüren, den Wind in meinem Gesicht, das Donnern der Hufe zu hören, das in meinem Herzen widerhallte.

Wir fühlten uns wieder wie junge Mädchen . . . jedenfalls so lange, bis wir von den Pferden abstiegen und vor Muskelschmerzen kaum noch laufen konnten.

„Mir tut alles weh; sogar meine Wimpern", stöhnte Phyllis Phyllis.

„Und was wünschst du dir zum Geburtstag?" fragte ich.

„Ich habe eine Idee . . . wir mieten uns ein Flugzeug und probieren es mit Fallschirmspringen."

Phyllis Phyllis liegt im Alter eine Geburtstagskerze hinter mir. Sie sagt, die Mitte eines Sandwiches sei das beste Stück, und in der Mitte eines Kuchens befinde sich die Sahne, also müsse die Lebensmitte das beste Alter überhaupt sein.

Ich hoffe, sie hat recht.

Als Frühlingssturm noch klein war, fragte sie mich, ob ich als Kind einen Lieblingsdinosaurier gehabt hätte, und ob der Mond bereits erfunden gewesen sei, als ich geboren wurde. Solche Fragen waren früher lustig, doch jetzt fand ich sie überhaupt nicht mehr komisch.

Ich denke, daß ich jetzt ein besserer Mensch bin als mit zwanzig. Ich bin freundlicher, geduldiger und hoffentlich lustiger. Mit vierzig ist mir klar, daß viele meiner Träume niemals in Erfüllung gehen werden, doch ich habe deshalb noch nicht aufgehört zu träumen.

Unsere Kinder waren nun beinahe alle erwachsen, und eines nach dem anderen werden sie von zu Hause fortgehen. Don und ich würden uns ein Leben ohne Kinder aufbauen und einander neu entdecken müssen.

Früher dachte ich, ich wüßte eine Menge über Gott, doch nun wird mir klar, daß ich überhaupt nichts weiß. Seine Macht, seine Liebe sind größer als das Universum.

Was ich über Gott weiß, ist kaum ein Teelöffel voll, aber trotzdem – oder gerade deswegen! – möchte ich die Ewigkeit mit ihm verbringen.

Kapitel 13

Schwere Zeiten

*Das Herz wird ausgefegt
und die Liebe beiseitegelegt.*

E. Dickenson, 1830–1886

Wie oft wir auch gewarnt werden, daß das Leben nur kurz sei, wir glauben es nicht wirklich. Wir denken, wir hätten jede Menge Zeit, den Menschen zu sagen, daß wir sie lieben, unseren Frieden mit Gott und unserer Familie zu schließen und unsere Lieben auf eine Zukunft ohne uns vorzubereiten.

Don und ich hatten nicht groß darüber gesprochen, daß wir miteinander alt werden wollten – es war für uns immer ganz selbstverständlich gewesen.

Wir würden unsere kleine Farm versorgen, und unsere Kinder und Enkelkinder würden uns in den Ferien und zu Weihnachten besuchen. Wir würden alles das tun, wofür wir nie die Zeit gehabt hatten, als die Kinder noch klein waren. Wir dachten, wir hätten alle Zeit der Welt.

Aber so war es nicht.

An Aarons Geburtstag starb Don bei einem Autounfall. Er fuhr von der Arbeit nach Hause und versuchte, einen langsam fahrenden Laster zu überholen. Dabei verlor er die Kontrolle über seinen Wagen und krachte gegen eine Felswand. Er war auf der Stelle tot.

\*

Der Schmerz und die Leere waren unaussprechlich. Die Welt war auf einmal kalt und farblos geworden. Ich ging abends ins Bett, rollte mich zusammen und wünschte, ich würde morgens nicht mehr aufwachen, aber ich mußte aufwachen, lächeln, reden, Frühstück für die Kinder machen und einen weiteren Tag überstehen.

Während der folgenden Monate waren die Kinder und ich wie erstarrt.

Wir klammerten uns an unseren Glauben und an uns. Der Sommer verging, und der Garten versank in einem Dschungel von Unkraut, weil niemand den Mut aufbrachte, sich seiner anzunehmen. Es war Dons Garten gewesen; es tat zu weh, auch nur daran vorbeizugehen. Don war überall, und doch war er nirgendwo.

Schneewolkes Trauer verwandelte sich in Zorn auf Gott, und er weigerte sich, den Gottesdienst zu besuchen. Doch das beunruhigte mich nicht zu sehr. Ich kannte meinen Sohn. Er brauchte Zeit, um darüber hinwegzukommen, und das würde ihm auf seine Weise gelingen. Aaron verließ das College, um zu Hause zu bleiben und auf der

Farm zu helfen, obwohl wir alle ihn baten, es nicht zu tun. Verlorener Hirsch und Frühlingssturm wurden sehr still und zogen sich in sich selbst zurück.

Es war, als würde unsere ganze Familie zentimeterweise sterben. Ich mußte mich einer Rückenoperation unterziehen und litt größere Schmerzen, als ich je für möglich gehalten hätte. Einen ganzen Monat war ich ans Bett gefesselt.

Phyllis Phyllis kam fast jeden Tag herüber, brachte uns häufig Essen und immer ein Lächeln und ein wenig Hoffnung. „Wann wirst du endlich dieses Tal des Selbstmitleids verlassen und wieder anfangen zu leben?" schimpfte sie mich aus.

„Der Doktor hat gesagt, ich müsse einen Monat liegen", erinnerte ich sie.

„Seit wann hört Schrei im Wind auf Ärzte?" verspottete sie mich. „Don wäre von euch allen enttäuscht. Wie können deine Kinder stark sein, wenn du es nicht bist? Ihr alle vergeudet euer Leben, und wenn das keine Sünde ist, dann weiß ich nicht, was Sünde ist!"

Wie konnte ich einen so tiefen Schmerz erklären?

„Ich habe eine Idee . . .", sagte sie.

„Oh nein! Jedesmal, wenn du eine Idee hast, geraten wir in Schwierigkeiten!" stöhnte ich.

„Diesmal ist es etwas anderes. Hör zu. Wir beide verabscheuen den Winter, die Kälte, den Schnee, das Eis . . . laß uns davonlaufen und auf einer Insel leben. Wir werden im Meer schwimmen, Bananen essen und Blumen im Haar tragen", schlug sie vor.

„Erstens ist das hier mein Zuhause, und ich werde es nie verlassen. Zweitens, falls du es vergessen hast, ich habe schreckliche Angst vor Wasser, und eine Insel ist der letzte Ort, wo ich leben möchte. Drittens, man läuft nicht einfach fort und lebt auf einer Insel. Vor allem Indianer tun so etwas nicht. Indianer leben in der Wüste, in den Bergen oder auf der Prärie, aber nicht auf Inseln."

„Indianer können leben, wo sie wollen", gab sie zurück. „Du kannst schwimmen lernen, und für die Kinder wäre es eine nette Abwechslung."

Ich schüttelte den Kopf.

„Ich möchte nicht, daß du dich einfach aufgibst und hier langsam vor dich hinstirbst. Ich möchte meine Freundin wiederhaben." Tränen standen ihr in den Augen. „Wir sind doch Freundinnen auf ewig . . ."

Ich tat anderen weh, weil ich mit meiner Trauer nicht fertigwerden konnte. Ich war selbstsüchtig, und meine Familie brach unter der Last der Trauer zusammen.

„Hilf mir aus dem Bett", sagte ich. „Ich möchte nach draußen gehen und die Sonne wiedersehen."

Die Operation und die zwei Wochen im Bett hatten mich sehr geschwächt. Phyllis Phyllis stützte mich und ging mit mir in den Hof.

Die Ahornbäume hatten sich tiefrot gefärbt. Noch nie hatte ich sie so strahlend gesehen. Die Eichen auf der Weide waren von einem satten Goldbraun; sie hatten die Farbe von Marks Haar, und ich erinnerte mich nun daran, daß Miss Neal vierundsiebzig Jahre damit vergeudet hatte, auf die Rückkehr ihres Geliebten zu warten.

Das war der Wendepunkt. Ich wollte mein Leben nicht so sinnlos vergeuden! Ich würde wieder stark und gesund werden. Unsere Familie würde sich wieder aufrappeln und überleben.

Langsam kehrte in unserem Familienleben die Normalität ein. Wir konnten sogar wieder miteinander lachen, und das Leben schien schöner und wertvoller als je zuvor zu sein.

Schneewolke erkannte, daß Gott nicht vom Himmel herabgegriffen und seinen Vater gestohlen hatte. Don war einfach zu schnell gefahren und hatte die Kontrolle über seinen Wagen verloren. Er hatte einen Fehler gemacht, und es war ein trauriger, schrecklicher Unfall geschehen. Solche Dinge passieren im Leben, hier auf der Erde, wo wir Fehler machen und mit den Konsequenzen leben müssen. Schneewolke fand Frieden, und sein Zorn ebbte ab.

*

Zum Erntedankfest gab es einen gefüllten Truthahn. Unser erster Feiertag ohne Don. Ich nahm seinen Stuhl vom Kopfende des Tisches fort und stellte meinen hin. Die anderen Stühle arrangierte ich so, daß kein leerer Platz mehr am Tisch war. Wir waren eine ganze Familie.

Wir schmiedeten Pläne für Weihnachten, und unsere Laune besserte sich zusehends. Der Beginn des Heilungsprozesses hatte eingesetzt.

*Wenn wir in den Herzen derer leben,
die wir zurücklassen,
können wir nicht sterben.*

## Kapitel 14

## „Ich habe da eine Idee . . ."

In mancher Hinsicht würde dies das wichtigste Weihnachtsfest sein, das wir je erlebt haben. Es würde auch das schwierigste werden. Ich war entschlossen, es zu einem gelungenen Fest zu machen. Wir würden einen wunderschönen Weihnachtsbaum haben, wir würden das Haus schmücken und Freunde einladen, um mit uns gemeinsam die Geburt Jesu, das Leben und die Liebe zu feiern. Wir hatten Aaron davon überzeugt, nach den Ferien ins College zurückzukehren. Die Zukunft sah wieder ein wenig heller aus.

„Gib nicht soviel Geld für einen Weihnachtsbaum aus", sagte Phyllis Phyllis. „Nicht weit von hier gibt es eine Weihnachtsbaumplantage, wo du jeden Baum in jeder Größe für acht Dollar bekommst."

„Für acht Dollar?" fragte ich. „Das ist sehr billig. Sind die Bäume denn schön?"

„Es sind wunderschöne Bäume", entgegnete sie. „Ich habe eine Idee – ich hole dich ab, wir fahren zusammen zu dieser Plantage und holen uns den schönsten Baum für deine Kinder. Ich bringe sogar die Axt mit."

„Die Axt?" fragte ich.

„Ja. Man muß ihn selber fällen, aber das ist keine große Sache. Wir brauchen nur in den Wald zu gehen, einen Baum auszusuchen, ihn zu fällen, zum Wagen zu bringen, festzubinden und nach Hause zu fahren", lächelte sie.

„Das ist alles?" seufzte ich.

Eine Stunde lang wanderten wir zwischen den Bäumen herum und stritten darüber, welcher Baum der schönste und größte sei. Endlich hatten wir „unseren" Baum gefunden. Wir wechselten uns mit der Axt ab, und schließlich fiel er.

Der Baum war schwerer, als wir gedacht hatten. Wir schleppten ihn zu unserem Wagen. Phyllis Phyllis hatte ein Seil mitgebracht, und wir banden ihn an der Rückseite des Wagens fest.

Auf der Heimfahrt hupten und winkten uns viele Leute zu. Wir lächelten und winkten zurück.

„Die Leute sind wirklich schon in Weihnachtsstimmung", meinte ich. „Sie halten ihn wahrscheinlich für den schönsten Baum, den sie je gesehen haben."

„Nein, sie machen sich über dich lustig, weil du deinen Baum so früh aufstellst", entgegnete Phyllis Phyllis.

Seit Jahren schon stritten wir über den richtigen Zeitpunkt für das Aufstellen des Weihnachtsbaumes. Ich stellte den Baum immer bereits am ersten Dezember auf, sie schmückte ihren erst am Heiligabend.

Auf einmal hörten wir eine Sirene hinter uns. Wir fuhren an den Rand, um den Polizeiwagen vorbeizulassen, doch er überholte uns nicht, sondern blieb hinter uns stehen.

„Was ist denn los, Officer?" fragte Phyllis und lächelte ihn strahlend an.

„Ihr Baum hat sich gelöst, und so, wie er aussieht, schleifen Sie ihn schon eine ganze Weile hinter sich her."

Wir sprangen aus dem Wagen und rannten zur Rückseite des Wagens, um uns den Baum anzusehen. Der Anblick war fürchterlich. Unser schöner Baum sah aus wie ein Gerippe. Der obere Teil war komplett fort, die restlichen Äste zerfleddert, gebrochen und größtenteils ohne Nadeln.

„Darum haben die Leute gehupt und uns gewunken!" sagte ich. „Wir haben den Baum schon wer weiß wie lange hinter uns hergeschleift."

Der Polizist war so freundlich, die traurigen Überreste des Baumes für uns in einen Graben zu werfen.

Wir lachten immer noch, als wir mein Haus erreichten – doch dann blieb uns das Lachen im Halse stecken.

Mehrere Feuerwehrautos standen im Hof, und alles war voller Rauch. Die Feuerwehrmänner rollten gerade einen Schlauch zusammen und machten sich bereit, wieder abzuziehen.

Mehr als die Hälfte unseres Hauses war vollkommen abgebrannt, der Rest kohlschwarz.

Wir hatten unser Haus immer mit dem Kamin beheizt. Es war ein altes Farmhaus, und im vorigen Winter hatte der Schornstein Feuer gefangen, aber es war nur ein kleines Feuer gewesen, und wir hatten es sehr schnell löschen können. Es war nichts passiert.

Don wollte einen neuen, besseren Schornstein bauen, aber er hatte es nicht geschafft. Während ich fort war, hatte anscheinend der Schornstein Feuer gefangen. Es hatte sich über das Dach ausgebreitet, und nun war unser gesamter Besitz zu Asche verbrannt. Die Feuerwehrmänner hatten einige Familienfotos aus meinem Schlafzimmer gerettet, und einer von ihnen hatte Schneewolkes Sportpokale in einen Kissenbezug geworfen und nach draußen gebracht.

Alles andere war zerstört.

„Wir haben unser bestes getan, aber als ein Nachbar das Feuer entdeckte und uns rief, war es bereits zu spät", erklärte ein Feuerwehrmann.

Ich ließ mich kraftlos gegen den nächsten Baum sinken und starrte auf die Überreste meines Hauses.

„Was werde ich nur den Kindern sagen? Sie haben ihr Heim verloren."

„Nein", widersprach Phyllis, „*du* bist ihr Heim. Sie haben nur ein Haus verloren."

„Wir haben alles verloren . . .", weinte ich.

„Du hast ein paar alte Möbel und einige Kleider verloren, alles Dinge, die ersetzt werden können. Du kannst bei uns wohnen, bis ihr ein neues Haus gefunden habt." Sie nahm mich in den Arm.

Ich wußte, es hätte schlimmer kommen können. Wenn das Feuer in der Nacht ausgebrochen wäre und uns im Schlaf überrascht hätte, hätten wir alle sterben können. Trotzdem war es furchtbar.

Wir zogen zu Phyllis Phyllis und ihrer Familie. Seit wir auf dem Land wohnten und mit Kamin heizten, wollte keine Versicherung eine Feuerversicherung mit uns abschließen, und viel Erspartes hatten wir auch nicht. Wir waren jetzt also heimatlos und ruiniert.

Ein Nachbar machte uns ein Kaufangebot für unser

Land. Nachdem die Hypothek abgelöst und alle Rechnungen bezahlt waren, blieben uns noch weniger als fünftausend Dollar. Das war nicht viel für fünf Leute, die ein neues Leben anfangen wollten.

Weihnachten stand vor der Tür. So lieb wie Phyllis Phyllis und ihre Familie auch waren, ich wollte Weihnachten in einem neuen Zuhause feiern.

„Was meint ihr?" fragte ich meine Kinder. „Wir könnten hier in der Gegend ein kleines Haus mieten, dann müßt ihr die Schule nicht wechseln. Wir könnten aber auch eine Wohnung in der Stadt mieten, wo ich eher Arbeit finden würde..."

Großes Schweigen. Keiner meiner Vorschläge sagte ihnen zu.

Hier gab es nichts als Erinnerungen. Unsere Vergangenheit war hier, unsere Zukunft jedoch nicht mehr.

Phyllis Phyllis sah zur Tür herein.

„Möchtet ihr etwas essen oder trinken? Vielleicht *Ananassaft* oder *Bananen*?" fragte sie.

„Nein, vielen Dank, und ich weiß genau, was du sagen willst", erwiderte ich.

„Was will sie denn sagen?" fragte Frühlingssturm.

„Sie meint, wir sollten einfach von hier abhauen und auf einer Insel leben. Sie meint, wir könnten von Bananen und Ananas leben, die wir auf dem Weg zum Strand pflücken", lachte ich.

„Und im Meer schwimmen und am sonnigen Strand liegen, wo es das ganze Jahr über warm ist." Phyllis Phyllis kam ins Zimmer. „Da gibt es doch diese große Insel mit den fünf Vulkanen. Einer von ihnen ist so hoch, daß Schnee darauf liegt, ein anderer bricht immer wieder aus und schleudert Lava ins Meer. Da gibt es Wale und Delphine ..."

„Gibt es dort auch ein College?"

„Ein College und eine Universität", erwiderte sie.

„Geht das denn wirklich nicht, Mama? Können wir nicht einfach auf eine Insel ziehen und noch einmal ganz neu anfangen?" fragte Schneewolke aufgeregt. „Ich würde gern das Meer sehen."

Ich hatte Angst vor Flugzeugen. Ich hatte Angst vor Wasser. Neuerdings hatte ich vor so vielem Angst. Ich wußte auch, daß Angst etwas sehr Gefährliches war.

In den Augen der Kinder lag ein Ausdruck, den ich schon lange nicht mehr bei ihnen wahrgenommen hatte. Es war ein Blick voller Hoffnung.

„Ich habe eine Idee ...", sagte ich.

\*

Gegen Mitternacht des folgenden Tages fuhr Phyllis Phyllis uns zum Flughafen und winkte uns nach.

„Wir sehen uns in einem Monat!" versprach sie. „Wir werden nachkommen."

Wir fünf Versprengten zitterten am ganzen Körper, als wir das Flugzeug bestiegen, teils vor Furcht, teils vor Aufregung. Falls es einen Rekord in bezug auf die Anzahl von Gebeten gab, die auf einem einzigen Flug gesprochen wurden, so hatte unsere Familie ihn bestimmt gebrochen.

Mein Herz tat weh. Ich hatte das Gefühl, als würde ich alle meine Erinnerungen hier zurücklassen, aber ich wußte, das stimmte nicht. Es gab keinen Grund hierzubleiben. Don war tot, und in derselben Stadt wohnen zu bleiben, würde ihn auch nicht wieder zurückbringen. Unser Haus war zerstört und konnte nicht wieder aufgebaut werden. Wir alle würden unsere Freunde vermissen, aber Phyllis Phyllis würde nachkommen, und wir brauchten einen Neuanfang.

Als das Flugzeug auf Hawaii landete, waren wir überwältigt vor Freude. Überall waren Palmen, Sonne, bunte Blumen und lachende Gesichter. Hawaii war der schönste Ort, den ich je in meinem Leben gesehen hatte. Die Kinder und ich rannten am Strand entlang, und ich war sogar mutig genug, mich in das türkisfarbene Wasser zu stürzen. Die Kinder lachten und spielten mit derselben sorglosen Fröhlichkeit wie damals, als sie noch klein gewesen waren.

Es war ein neues Leben für sie, in jeder Hinsicht. Ihre neuen Freunde nannten sie Aaron, Shane, Trinity und Sturm.

Ich nahm den ersten Job an, der mir angeboten wurde. Ich wurde Haushälterin bei einer alten Frau und kroch jeden Tag auf den Händen und Knien im ganzen Haus herum und schrubbte die Böden mit einer Zahnbürste. Nebenbei malte ich Bilder auf Kokosnüsse und verkaufte sie an Touristen.

Irgendwie empfand ich die ganze Situation nicht als demütigend oder schlimm. Es war mühsam, aber es war ein kompletter Neuanfang, und mein Pioniergeist war erwacht.

Wir zogen in eine unmöblierte Wohnung und schliefen auf dem Boden. Jeder von uns besaß ein Kissen und eine Decke, und das war die gesamte Einrichtung in diesem ersten Monat. Wir lebten von Kokosnüssen, Bananen und Müsli. Aaron und Shane bekamen Studentendarlehen und schrieben sich in der Universität ein. Trinity und Frühlingssturm gingen zur Schule.

Wir hatten zu kämpfen, aber wir überlebten.

Das Weihnachtsfest verlief ganz anders als alle anderen zuvor. Wir hatten eine kleine Palme mit Muscheln geschmückt. Einige Freunde schickten uns Geschenke, die uns mehr bedeuteten, als wir sagen konnten.

Phyllis Phyllis und ihre Familie kamen im Januar nach, und wir fühlten uns weniger einsam.

Nach ein paar Monaten konnte ich uns durch den Verkauf meiner Kokosnuß-Gemälde über Wasser halten. Ich brauchte nicht mehr auf Händen und Knien auf dem Boden herumzurutschen, und ich gewann meine Zuversicht zurück.

Wir würden es schaffen.

\*

Noch immer gehen die Kinder und ich jeden Abend zusammen spazieren. Wir wandern am Strand entlang, lassen uns den Wind ins Gesicht wehen, waten in die Brandung und sammeln Muscheln. In der Ferne raucht der Vulkan und schleudert Lava ins Meer.

Es ist nicht das Leben, das ich mir vorgestellt hatte, als ich als junges Mädchen mit meinem Pferd Donnerhuf

---

*Schrei im Wind heute am Strand*
*ihrer neuen Heimat Hawaii*

über die staubigen Hügel meiner Heimat ritt oder bei den Stammeszusammenkünften um das Feuer tanzte. Es ist auch nicht das Leben, das ich bei meiner Hochzeit mit Don erwartet hatte.

Aber es ist das Leben, das Gott für mich vorgesehen hat, und das ist genug.

\*

„Worüber denkst du nach, Mama?" fragte Aaron, als die Sonne im Meer zu versinken begann und das Wasser wie flüssiges Gold aussehen ließ.

„Ich fragte mich, was eine Indianerin eigentlich auf einer Insel zu suchen hat", erwiderte ich. „Es ist komisch, die einzige Indianerin hier zu sein."

„Du bist nicht die einzige Indianerin hier, Mama. Du hast doch deinen ganzen Stamm mitgebracht", widersprach er.

Er hatte recht. Ich sah nach vorn. Meine Kinder gingen vor mir her. Wir waren ein fünfköpfiger Stamm.

„Du solltest noch ein Buch schreiben über das, was bisher geschehen ist", meinte er, „es sei denn, du bist der Meinung, es sei zu traurig."

„Traurig? Nein, mein Leben ist nicht traurig gewesen. Ich habe ein sehr gutes Leben geführt. Ich habe nicht erwartet, keine schlechten Zeiten zu erleben; dunkle Wolken und Stürme gehören zum Leben dazu. Das Leben muß nicht vollkommen sein, um schön zu sein."

Aaron lächelte und reichte mir eine Muschel.

„Weißt du noch, wie der Kriegsschrei der Kickapoo klingt?" fragte er.

Und dann rannten wir fünf so schnell wir konnten am Strand entlang und stießen ein ohrenbetäubendes indianisches Kriegsgeschrei aus.

Schrei im Wind und ihr Stamm waren auf Hawaii angekommen!

# BEWEGENDE BIOGRAFIEN

C. W. Stafford:

**SCHREI IM WIND**

Aus dem Leben
einer Indianerin

Die Indianerin Crying Wind wächst
bei ihrer Großmutter unter elenden Verhältnissen in
einem Reservat auf. Als sie schließlich an der Armut
und der Hoffnungslosigkeit ihres Lebens verzweifelt,
beschließt sie eines Tages, sich umzubringen.
Doch dann lernt sie Christen kennen – und gerät
erneut in eine tiefe Krise. Denn nun beginnt in ihr
ein verzweifelter Kampf zwischen dem liebenden
Gott der Bibel und den alten indianischen Gottheiten, von denen ihre Großmutter so oft erzählt hat.

Ein spannendes Lebenszeugnis, das in eindrucksvoller Weise schildert, wie Gott ein Leben verändern
kann.

Taschenbuch, 240 Seiten, Bestell-Nr. 815 675

# BEWEGENDE BIOGRAFIEN

C. W. Stafford:

**LIED IM WIND**

Aus dem Leben
einer Indianerin

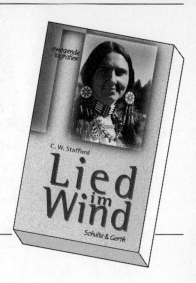

Die Fortsetzung der ungewöhnlichen
Biografie von Crying Wind.

Nach ihrer Bekehrung muß sich die junge Indianerin
in der neuen Welt zurechtfinden, ihre Einsamkeit
überwinden und eine Aufgabe für ihr Leben finden.
Doch als sie einen weißen Mann heiratet, hören die
Sorgen nicht auf. Denn Crying Wind will einfach
nicht an das Glück glauben – bis sie die Chance
erhält, selber als Missionarin zu mexikanischen
Indianern zu gehen.

Eine faszinierende Lebensgeschichte, die von Gottes
unbegreiflicher Nähe in unserem Leben erzählt.

Taschenbuch, 240 Seiten, Bestell-Nr. 815 676

# BEWEGENDE BIOGRAFIEN

Yoneko Tahara /
Bernard Palmer:

**YONEKO**

Tochter des Glücks

Yoneko bedeutet „Tochter des Glücks", und das ist die junge Japanerin auch, bis ihre Mutter stirbt und sie am Leben verzweifelt. Nach einem fehlgeschlagenen Selbstmordversuch bleibt sie mit Amputationen an Armen und Beinen noch hoffnungsloser zurück. Doch die Liebe Jesu verändert ihr Dasein von Grund auf: Yoneko bekommt neuen Lebensmut, und sie lernt mit Hilfe der heilenden Kraft Gottes, ihre Behinderung zu überwinden.

Dieser bekannte Bestseller erzählt die faszinierende Geschichte einer Frau, die entdeckt, daß gerade unsere Schwierigkeiten und Grenzen der Anlaß für Gottes befreiendes Handeln sein können.

Taschenbuch, 200 Seiten, Bestell-Nr. 815 359

# BEWEGENDE BIOGRAFIEN

Doris van Stone /
Erwin Lutzer:

**DORIE**

Ein verwandeltes Leben

Schon als kleines Kind merkt Dorie, daß manche Menschen unerwünscht sind. Von ihrer Mutter wird sie in ein trostloses Waisenhaus gesteckt, wo ihre Sehnsucht nach Geborgenheit fast unerträglich wächst. Als einige Studenten das Waisenhaus besuchen, hört sie von Jesus Christus; und diese Botschaft läßt sie nicht mehr los ...

Das ist der authentische und erschütternde Bericht einer einsamen Frau, die in Gott nicht nur einen liebenden Vater findet, sondern auch die Kraft, die ungerechte Behandlung hartherziger Pflegeeltern zu ertragen und bald ihren eigenen Weg zu gehen.

Taschenbuch, 160 Seiten, Bestell-Nr. 815 360